山东社会科学院出版基金资助

公共利益限制下的私权保障

——以强制性规范对所有权的过度限制为视角

张卉林　著

山东大学出版社

图书在版编目(CIP)数据

公共利益限制下的私权保障:以强制性规范对所有权的过度限制为视角/张卉林著.—济南:山东大学出版社,2016.7

ISBN 978-7-5607-5590-8

Ⅰ.①公… Ⅱ.①张… Ⅲ.①民法—研究—中国
Ⅳ.①D923.04

中国版本图书馆 CIP 数据核字(2016)第 191745 号

责任策划:尹凤桐
责任编辑:陈佳意
封面设计:牛 钧

出版发行:山东大学出版社
社 址 山东省济南市山大南路 20 号
邮 编 250100
电 话 市场部(0531)88364466
经 销:山东省新华书店
印 刷:泰安金彩印务有限公司
规 格:720 毫米×1000 毫米 1/16
11.75 印张 167 千字
版 次:2016 年 7 月第 1 版
印 次:2016 年 7 月第 1 次印刷
定 价:25.00 元

前言

在民法领域内，私权自由应当是不言而喻的，但是法律出于公共利益的考虑，以强制性规范的形式对私权施加合理限制又是必需的。有鉴于私有财产对个人的重要意义，如何在公共利益的限制下依然保持所有权的自由行使也就成为重要课题。对于所有权的合理限制，体现的是所有权应当承担社会义务的理念。从绝对保护私人的财产自由，到强调所有权的行使须有利于公共福祉，理论变迁的背景是人类生存状态的根本性转变以及由此带来的权利哲学的变迁。我国《宪法》第 13 条第 3 款规定："国家为了公共利益的需要，可以依照法律规定对公民私有财产实行征收或者征用并给予补偿。"这一条款说明，征收必须伴随补偿。但是法律对所有权的限制绝不仅限于征收征用，出于公益的考量，国家公权力会制定种种规范对所有权进行限制，而这些限制并不伴随补偿，因为这些限制既不是征收，也不是征用。这些限制性措施一旦失当而权利人又没有获得补偿的法律依据，这会比征收补偿不公所带来的损害要更严重，是对公民财产权的无形侵害。缺乏保障的权利最终只能是空谈，而目前针对受到公权力影响的财产权保护与救济的相关研究大多聚焦于财产征收，而对可能由限制性规定对财产权造成的影响却没有引起充分的注意。近年来的实践表明，公民的财产权正在面临着多重潜在威胁，已经成为社会利益与个人利益、公权与私权冲突的最突出领域。作为财产权的核心内容之一，所有权更加首当其冲。这样的冲突体现出来的实际上是公民私权自由与社会公共利益实现之间的矛盾。一方面，个体的财产所有权必须受到保护，公权力不能随心所欲；另一方面，所有权的行使也不可能毫无限制，使公共利益或第三人利益受损。这实际上就是讨论权利行使如何“有度”，政府干预又该如何“适度”。

在我国的社会生活中，在几个相对集中的领域确实出现了对所有权进行过度限制的现象，并且由这些限制措施为所有权人带来的经济上的损失目前在我国的权利救济框架内很难得到弥补。而造成这种现象的原因，既有我国立法、行政、司法工作中理念的问题，也有现行救济制度架构存在的客观问题。本书的研究将以公共利益造成的所有权自由受到的限制为视角，通过分析造成所有权过度限制的理念和制度问题，相应提出有针对性的改进或解决路径，目的在于建立私权自由与公共利益保护的和谐秩序。一方面保障社会整体利益的最大化；另一方面要充分尊重个人私权的自由与安全，避免为实现社会利益而过分牺牲个人利益，更要避免这一情形出现时缺乏充分有效的救济制度。这要求法治条件下不同利益主体之间的相互妥协，要求公权力的自我限缩与监督，更要求完善的权利保障与救济机制的建立。通过利益与负担的合理分配，实现效益与公平的和谐，这对实现社会经济的稳定发展和安全秩序都有着非常积极的促进意义。

张卉林

2016 年 5 月

目录

导　论 …………………………………………………………………… (1)

第一章　公共利益对所有权过度限制的现实表现 ………………… (13)

第一节　公共利益限制所有权的法律体现 ………………………… (13)

第二节　所有权过度限制的实践表现 ……………………………… (31)

第二章　所有权过度限制问题的根源 ……………………………… (41)

第一节　所有权过度限制问题的理念根源 ………………………… (42)

第二节　所有权过度限制的制度根源 ……………………………… (47)

第三章　解决所有权过度限制问题的理念应对:公共利益与私权的平衡 ……………………………………………………………… (55)

第一节　所有权立法的理念变迁及价值取向 ……………………… (55)

第二节　公共利益的构造及界定 …………………………………… (86)

第三节　比例原则在私权限制中的作用 …………………………… (97)

第四章　解决所有权过度限制问题的制度应对:立法与救济的完善……(110)

第一节　所有权限制立法的完善……(110)

第二节　立法后评估制度的完善……(123)

第三节　传统权利救济途径的完善……(135)

第四节　基本权利整合下的权利救济……(148)

结　论……(170)

参考文献……(173)

导论

法律在本质上是对专制权力行使的一种限制，因此它同无政府状态以及专制政治是敌对的……一个完整与充分发达的法律制度，对于无政府状态和专制政治这种截然相对的形式来讲，是处于等距离的位置。通过一个行之有效的私法制度，它就可试图划定私人或私人群体的行为范围，以防止或反对相互侵犯、过分妨碍他人的自由或所有权的行使和社会冲突。通过一个行之有效的公法制度，它就可努力限定与约束政府官员的权力，以防止或救济对应予保障的私人权益领域的不恰当侵损，以预防随意的暴政统治。这样，最为纯粹的最为完善的法律形式，便会在这样一种社会制度中得以实现，在该制度中，已经成功地排除了私人和政府专制地或暴虐地行使权力的可能性。①

——埃德加·博登海默

一、选题依据及研究目的

在民法研究中有一条贯穿始终的线索即私权的自治与管制，这个问

① [美]埃德加·博登海默：《法理学：法律哲学与法律方法》，邓正来译，中国政法大学出版社1999年版，第233～234页。

题同时也是法治建设和社会管理中不变的论题之一。从法律的角度看，自治与管制的关系就是如何处理私法与公法、私权与公权的关系和界限的问题；从利益角度看，处理自治与管制的关系就是处理私人利益与公共利益的关系。尽管民法始终强调私权自治，并以维护私权作为根本的价值追求，但是在民事关系中国家从来就不是旁观者，公权对私权的强制也散见于各种法律规范。公权力所代表的国家也从过去的纯粹的经济秩序维护者和仲裁者转变为积极的结果干预者和市场参与者。

以自治为核心的理念，是私法赖以生成的根基，私法自治强调私人得以自己的意思行使权利、缔结民事法律关系。这一方面包括免受干预地作出自主决定的消极自由，另一方面是得请求公权力保护其权利实现的积极自由。自由不能没有限制，否则任何人的自由都无法充分实现。但是对自由设置限制需要充分的正当化的理由并且受到严格的限制，否则就是对自由的另一种侵害。法律的目的在于实现个人自由，因此这要求个人利益与社会利益之间实现和谐与均衡。

作为人类所享有的最基本和最重要的权利之一，私有财产权一直是法律所关注的焦点。财产权对于自由、人格甚至是社会秩序的维持都具有十分重要的意义。而对财产权的保护，也是对自由、社会秩序及其他基本价值的保障。正是由于财产权的重要性，我国在 2004 年修改宪法时，规定“公民的合法的私有财产不受侵犯”，将财产权写入宪法，被确认为是对公民基本权利的保护，被视为我国宪政建设的一大进步。个人对财产具有自由支配的权利并且有权受到法律的保护，这是不言而喻的，但是法律对财产权施加合理限制又是必需的。对于财产权的合理限制，体现的是所有权应当承担社会义务的理念。从所有权诞生最初人们持有的保护所有权的绝对自由的观念，到近代社会之后逐渐强调所有权人必须以有利于公共利益的方式行使权利，观念和理论的变化充分反映了人们生存状态的转变、社会经济条件的改变以及由此带来的权利哲学的变迁。出于公共利益的考量，国家公权力会制定种种强制性规范对所有权进行限制，但是这些限制并不伴随补偿，因为这些限制既不是征收，也不是征用。

中国改革开放三十余年，修改宪法保护私有财产也已有十余年，有关私有财产权及其保护的研究却仍然各自孤立地在政治学、宪法学、行政法学和民法学领域内展开。完善的私有财产权保护体系仍然没有完全建立，而出于公共利益的目的颁布的许多强制性规范又难免激进，从而导致在现实中过分限制了所有权人的权利自由，使个体无法充分享有所有权，甚至出现了权利受到侵害却没有机会获得法律充分且有效救济的情况。在现实中已经出现的所有权过度限制的现象十分值得关注，因为这不仅涉及民法领域内有关自治与管制的关系，涉及私权自由的界限，更要求公权力在社会治理过程中的合理运行以及司法对权力的监督和对权利的有效救济。

鉴于所有权在公民享有的财产权中的核心地位及其代表性意义，尤其是在私有财产受到限制时所有权人能够明确感受到的自身权利受到的影响；加之宪法的财产权条款通常也被解读为对所有权的保护，本书选择了所有权的限制作为论域。

本书的研究目的在于建立私权与公益平衡的和谐秩序，一方面保障社会整体利益的最大化；另一方面要充分尊重公民财产所有权的自由与安全，避免为实现社会利益而过分牺牲个人利益，更要避免在出现这一情形时缺乏充分有效的救济制度。这要求法治条件下不同利益主体之间的相互妥协，要求公权力的自我限缩与监督，更要求完善的权利保障与救济机制的建立。这对实现社会经济的稳定发展和安全秩序都有着非常积极的促进意义，通过利益与负担的合理分配，实现效益与公平的和谐。

二、研究背景与研究现状

(一)所有权限制的研究背景

1. 所有权与自由主义

自由主义一直是近现代西方社会所奉行的政治理论。它探求国家权力和个人自由之间的平衡，以便既能使国家保持最低限度的政治体制，又能尽可能地保护公民的财产和自由。古典自由主义理论的先驱霍布斯就认为，财产权是一种自然权利，是人们生而为人所自然具有的。人们通过订立社会契约建立国家的一个目的就是保护自己的财产不受侵犯，因此如果国家侵犯了这一权利，人民就有权拒绝服从命令。传统的自由主义理论也一直认为，私有财产是社会经济发展的保证，它能够使人们以最有效率的方式使用资源，并且对自己的财产进行自由处分。

对国家干预私人财产这一行为的认同和支持自卢梭时就有所体现。卢梭认为，国家应当发挥职能，反对财产不平等。但是财产应当受到国家干预这一观念自 19 世纪后期才逐渐有了较大的影响力。自由的财产交易市场制度带来了一系列的社会问题，在客观上为政府干预市场、公权力进入社会经济领域提供了条件。19 世纪的新自由主义学者霍布豪斯认为，在经济领域的个人主义是把经济的巨大发展建立在损害公众利益的基础之上的，因此必须根据社会的实际条件重新确立所有权的社会观念，把经济公正视为国家的职责。对社会经济生活的干预是国家必然的责任，个人权利不能与公共利益冲突，任何权利脱离了公共利益就无法存在。然而他同时又担心，如果不对国家的干预进行一定的制约，会危及个人的自由。因此，国家干预的范围和程度应当受到限制。

2. 所有权社会化与财产的社会义务

19 世纪末 20 世纪初，所有权自由的观念逐渐受到了抨击，耶林在《法律：作为实现目的的手段》一书中说："没有什么绝对财产，不存在可以不考虑公共利益的私的所有权。"[①]他认为，财产都是相对的，因为社会生活条件不断发生变化，使得准确定义公共利益和界定个人权利的范围都变得不可能。法国学者狄骥则认为，所有权不是一种权利，而是对社会负有的一种义务。在罗马法观念下，所有权人可以任意使用和处分财产，甚至有不使用和滥用的自由，但是在现代社会，所有权的意义已经不再意味着所有权人享有的绝对权利了。所有权人必须完成财产的社会义务，否则国家可以强迫他完成。在美国，以霍姆斯为代表的社会法学派也开始倡导新的财产价值，批判传统的财产绝对自由理念。他倡导相对的财产概念，所有权人的权利应当服从于公共利益的调整规划，法院通过禁止权利滥用的原则来规制财产权的自由。

① 转引自肖厚国：《所有权的兴起和衰落》，山东人民出版社 2003 年版，第 200 页。

当代西方的新自由主义则对国家干预主义进行了反思。围绕国家有无权力对公民的财产进行再分配从而实现社会平等，罗尔斯和诺齐克之间的争论对西方社会产生了巨大影响。罗尔斯认为，国家干预是正当和必要的，国家应当对私人财产权进行适当调整和再分配，从而限制社会经济分配中的不平等，以合乎最少受惠者的最大利益。然而，诺齐克在《无政府、国家与乌托邦》一书中反对国家对社会财富和公民财产进行再分配，认为这是对自由的粗暴干涉。财产与自由是不可分割的，不论个人行使权利的过程会造成多么悬殊的差异，只要这一过程符合正义，国家就没有资格对财产进行再分配。然而从当代新自由主义的多数观点看来，他们并不反对国家的干预，只是主张国家干预应当在有限范围内进行，以保障实现有效的个人利益和社会利益为限。

3. 我国所有权自由与限制观念变迁

我国古代民事法律思想的核心是"礼"，表现在外的是私权观念淡薄，强调官府、宗族本位，反映等级特权性的社会构成以及专制宗法思想，国家权力广泛而庞大，贬抑私人权益，私有财产也未得到应有的社会普遍尊重。新中国成立后，一直实行土地国有和住房公有，对私有财产的认识也经历了一个复杂的过程。新中国成立后直至改革开放前，为了体现全民所有制的特点，认为生产资料由国家所有，生活资料允许私人限制性占有。在计划经济体制下，私有财产权未能得到充分的确认和保护。1975年宪法和1978年宪法只确认了"生活资料的所有权"。改革开放以后，人们对私有财产的观念发生了巨大的变化：1982年宪法就提出了保护"公民的合法收入、储蓄、房屋和其他合法财产的所有权"，同时"保护公民的私有财产的继承权"；直至2004年才提出"公民的合法的私有财产不受侵犯"，"国家依照法律规定保护公民的私有财产权和继承权"。

传统的私有财产观念在我国长期的社会实践中体现为公民财产权的弱势。当公民的财产权与公共利益发生冲突时，私人权益成为被牺牲的一方似乎是理所当然的。对私有财产的侵犯与限制时有发生，这些侵犯与限制不仅来自于其他的民事主体，更显著地来自于公权力的运行，而且现代政府权力对私人财产限制的范围之广、力度之大、种类之多，是以往任何历史时期都不曾产生的。随着经济的发展,公民拥有的私有财产有了不同程度的增加,人们迫切需要法律为他们提供私有财产的有效保护。人的尊严和自由与私有财产是分不开的,但同时任何权利都是应当受到限制的。权利限制的正当性何在,如何对权利进行限制,应当在怎样的范围内以及以怎样的目的、手段和强度对权利进行限制,等等,这些问题在研究领域也逐渐有了广泛的讨论。

(二)研究现状

1. 所有权限制

目前针对所有权限制的研究主要以不动产为对象,关注的问题一是从历史和权利哲学的角度考察绝对所有权到相对所有权的理念变迁,二是所有权限制的正当化基础,三是所有权限制的制度体现。对于所有权应当受到限制这一观点,目前显然已经达成了共识,少有争论。但是支撑这一观点的理论基础为何,以及这些理论是否仍然可以解释目前越来越多样的所有权限制,多位学者仍在探讨。李国强教授在其博士论文《相对所有权的私法逻辑》中,便从近现代所有权观念入手,讨论了所有权限制产生的观念演进,并对这种演进对现实中物权的影响作了分析。金俭教授的《不动产财产权自由与限制研究》一书十分系统地对所有权限制的正当性基础进行了讨论,并对各国立法中体现出来的对所有权的各种限制进行了梳理,最后落脚为对我国公法与私法中所有权限制的制度建议。

关于所有权限制的另一关注焦点则是管制性征收,这一问题通常是从与征收实践有关的研究中延伸出来的。房绍坤教授的《公益征收法研究》一书中就有专节对管制性征收进行讨论,主要关注管制性征收的构成标准和救济途径。

2. 公法与私法的接轨

公法与私法的"接轨"或者说是公法与私法在现代国家出现的交错与互动是一个宏大的研究领域。公法与私法泾渭分明的时代早已是历史,目前的公私法划分也只是出于人为。对这一问题的研究可以说是涉及了对民法最基础和本原的理论的研究。对公私法接轨的问题尽管十分值得关注,但是目前国内的成熟研究成果并不多。现有的研究成果集中于两种研究方向：一是从宏观入手，从“私法公法化”和“公法私法化”两方面分析公私法的关系与互动；二是从微观入手，探讨公私法的互动在具体法律部门中的反映。

从宏观角度进行的相关研究目前看来以苏永钦教授的研究最具有系统性和代表性。他的《私法中的国家强制》《寻找新民法》《走入新世纪的私法自治》等研究成果都对这一问题进行了深入的探讨。另外，日本学者在这一问题上的研究尤为值得称道，但是目前国内的翻译作品较少。吉村良一教授的《从民法角度看公法与私法的交错与互动》一文，全面总结了日本传统法学理论中关于公法与私法关系的学说，并介绍了日本民法有关公私法交错的三个新理论，十分具有文献价值和启发意义。山本敬三教授的《基本权利的保护与私法的作用》一文则是对日本新的民法理论中“基本权利保护义务论”的详细论述，使公法与私法在基本权利的基础上实现融合。

对公私法交错的问题从微观角度进行分析，主要体现为对公法或私法中体现出的对方的核心要素进行分析。从私法的角度论述公私法交错最常见的切入点就是适用于民事法律关系的强制性规范。德国的诸多学者如拉伦茨、施瓦布、梅迪库斯，都在有关民法理论的著作中论及了强制性规范。钟瑞栋教授的博士论文《民法中的强制性规范》则是十分系统地对强制性规范的分类、正当性、效力、作用方式、实践中的解释和适用等问题进行了论述，非常具有代表性。从公法角度对公私法互动进行的研究通常出现在行政法领域，主要是私法精神和私法的调整手段在行政法领域的适用与运行。关保英教授的《行政法的私权文化与潜能》一书具有较高的参考价值。

3. 公共利益的界定

有关公共利益的讨论早已有之，但是对如何界定公共利益的讨论在征收问题成为关注焦点的背景下日益受到重视。正因如此，对这一问题的讨论也通常结合了征收的实践操作。

目前，关于公共利益在实践中的界定，学界主要采取了实体界定和程序界定相结合的观点。鉴于“公共利益”这一概念的模糊性和特殊性，采用单一界定方法显然是不能满足需要的。从实体方面,一是尽可能地明确"公共利益"概念的内涵,提出若干界定标准;二是对"公共利益"概念的外延进行类型化界定,有助于实践中的操作。程序方面的界定通常就是采用听证方式,尽量使受影响的权利人参与决策过程。但最后或许是最重要的一点,就是公共利益在个案中的衡量。然而这一项尽管必要,却是最难给出可操作标准的。王利明教授的《论征收中的公共利益》一文,就系统讨论了从多个角度对公共利益进行界定;彭诚信教授的《论证收制度中认定公共利益的程序性设计》一文,从程序角度论述了公共利益界定;王洪平教授的《论征收中公共利益的验证标准与司法审查》一文,则提出了通过司法程序对公共利益的认定进行反向监督。

然而,正是由于目前有关公共利益界定的研究都是从征收入手,因此某些设计可能并不适用于所有权限制的语境。例如,关于认定公共利益的听证程序,在征收实践中受影响的权利人是特定的,然而在强制性规范为所有权设定限制的场合下,受到影响的权利人则是不特定的。

4. 所有权限制的边界

对所有权限制的边界的讨论,实际上就是在讨论所有权社会义务的范围,或者说是试图找出私权自由和公共利益实现之间的微妙平衡点。目前看来,多数研究成果仍然是从公共利益与私权之间的平衡入手的。在所有权的社会义务和所有权剥夺之间存在有灰色地带,现实中即表现为所有权的过度限制直至管制性征收。但是想要清晰地界定这一区间,需要借助对多个不确定因素的判断,其中具有代表性的就是通过公共利益与私权之间的利益衡量,在个案中作出判断。

对于这一问题的研究,阿列克西在《宪法权利理论》一书中提出了非常具有建设性的观点。他将受损的私权和受益的公共利益还原为基本权利,并通过对基本权利之间的衡量得出结论。这种方式使私权和公共利益能够被容纳入同一个体系内进行比较,避免了衡量标准不一导致的无法判断。比例原则则是与这种利益衡量相配合的判断标准。蒋红珍教授的《论比例原则——政府规制工具选择的司法评价》从行政法角度对比例原则进行了系统的研究,郝银钟教授的《宪政视角下的比例原则》和姜昕教授的《也论比例原则的法律适用性》则从宪政的角度和实用角度对比例原则在整个法律体系内的作用进行了分析，王书成博士的《比例原则之规范难题及其应对》则从另一个角度对比例原则的适用给出了建议。

5. 权利救济与基本权利的作用

在这一问题上，笔者主要关注了以下几方面的研究：一是权利为什么要伴随救济，对这一问题的研究较有代表性的是程燎原教授和王人博教授合著的《权利及其救济》一书。书中论述了救济权作为一种程序性权利对实体权利的意义。二是在现实中出现救济漏洞的时候，基本权利能够发挥怎样的作用。蔡定剑教授曾有《中国宪法实施的私法化之路》一文讨论这一问题。基本权利要在私权保护中发挥作用无非两种途径：一是宪法诉讼和违宪审查，二是将基本权利的效力引入私法。陈新民教授的《宪法基本权利及"对第三者效力"之理论》一文则借鉴德国法，给出了具有建设性的分析。德国学者施莱希、科里奥特合著的《德国联邦宪法法院：地位、程序与裁判》一书，则为基本权利在私权保护中的作用提供了实证资料。

三、研究思路及观点创新

本书选择的研究对象是受到强制性规范限制的所有权，而这些强制性规范的出台通常是以实现公共利益为目的的，因此，居于所有权自由和所有权剥夺之间的所有权限制这一区间实际上体现的是公共利益与私人权利之间的博弈，也是最需要追求利益均衡的区间。这是公法规范与私法规范同时作用的区间，立法者的价值判断往往决定了所有权人在多大的范围内自由享有权利。对这一问题的探讨，实质上是对私权自由界限的讨论，因此对私权的维护具有十分重要的意义。

本书将从现象和问题入手，先讨论公共利益是如何以强制性规范的形式出现在我国立法之中，并由此限制了所有权自由，同时对强制性规范限制所有权的效力来源及作用方式进行分类。随后将列举数个现实中出现的所有权过度限制的事例。这些事例中的所有权人受到损失的原因通常是权力机关以"公共利益需要"的名义，限制所有权的某项或多项权能，并且由于权利救济制度的问题，这些损失都无法获得有效的救济。

本书第二章将针对第一章中列出的强制性规范对所有权造成过度限制的现象进行原因分析。造成这一现象的原因大致可以归为理念和制度两方面。理念方面的原因：一是我国传统的社会治理思路偏重管制为主，公权力运行缺乏自我限缩的意识，对私权自由的认同原本就并不强调，而这又导致了民事主体权利意识不强烈，因此容易出现过分追求结果而采取激进手段的强制性规范；二是立法与实践中对公共利益的界定模糊，而对公共利益存在与否的认定直接关系到强制性规范限制私权的正当性，对公共利益大小的认定则关系到所牺牲的私权与所追求的公共利益是否实现均衡。在制度方面目前存在的问题：一是立法的疏漏，导致所有权限制尽管在事实上已经存在，但是在上位法立法中仍过分简陋，而最具代表性的管制性征收制度在我国也未有法律规定；二是在权利救济体系的建立中，目前存在受损害权利无法获得充分有效救济的现象，而司法机关在强制性规范造成的所有权限制这一问题的监督和审查上能够发挥的作用也十分有限。

本书的第三章与第四章将针对第二章提出的理念和制度方面的问题分别进行探讨，以寻求改进和应对的途径。

第三章针对的是理念问题的解决。一是在所有权立法中重申私权自治，强调在顺应所有权社会化这一趋势的同时，仍然要以自治为原则，追求公益与私益的平衡。二是对公共利益如何认定进行讨论，主要途径是在立法中对公共利益进行类型化以及在实践中严格程序控制。三是对德国行政法的比例原则的引进。贯彻比例原则的要求不仅有助于立法中的公权力自我限缩和强制性规范的合理制定，以避免过度限制权利自由情况的出现，更有助于在司法过程中指引法官进行公共利益的个案判断，为司法审查和价值判断提供相对客观的标准。

第四章主要是对我国目前存在的制度方面的缺陷进行完善。首先，在立法上，对宪法中的财产权条款缺失的限制条款进行补充，以为下位法的制定提供依据。其次，在有关征收的立法中补充管制性征收的内容，作为所有权受到限制已构成实质性剥夺的权利人获得补偿的制度依据。再次，对现有的权利救济路径进行检讨，拓宽民事诉讼和行政诉讼的受案范围，确保有损害就有救济，避免出现受损害权利落入救济空白的现象。最后，借鉴其他国家经验，为权利建立起双层救济体系，发挥宪法基本权利在公民权利保护中的积极作用，应当是未来权利救济体系建立的方向。

本书主要在以下几个方面尝试创新：

1. 本书在选题方面关注了目前尚未受到充分重视的领域。目前，针对所有权限制的研究通常关注于论证限制的正当性或是针对征收制度的改进，但是对处于合理限制和征收之间的灰色地带却少有论述，而这一领域正是权利最易受到公权力影响却难以获得救济之所在。

2. 本书的研究贴合了私法公法化的趋势，体现了在现代社会中私法与公法的交叉运行，因此不仅对民法中的内容进行讨论，更对行政法中的内容如何在私权领域中运行进行了研究。

3. 本书对现有的权利救济机制进行分析，指出问题所在，并给出未来的改进建议：一是对行政救济和司法救济进行完善，使权利人享有获得救济的机会；二是未来可以借鉴外国经验，将基本权利的价值和效力引入部门法，为权利建立起多层的救济体系。

四、研究方法及写作难点

（一）本书的研究方法

本书的研究方法主要有比较研究、实证研究和文献分析方法。

1. 比较研究方法

本书主要在两个问题上采用了比较研究方法，集中体现在制度构建的内容中：一是对受到过度限制的所有权救济方式进行比较，二是在未来我国权利救济体系的构建问题上比较了德国和美国的相关实践。通过对其他国家的权利救济各项制度进行比较分析，对于我国在现有制度的基础上改进权利救济，并且在未来建立起更加完善的、系统化的权利救济制度，都是非常有益的借鉴和参考。

2. 实证研究方法

本书对于所有权过度限制的分析是建立在收集到的现实中的个案基

础之上的，从个案角度出发，通过对引起问题的原因进行探讨，从而结合我国实际提出行之有效的解决方法。鉴于我国法律制度目前对这一问题仍然没有适当的回应，大量所有权过度限制的情况并不能够进入司法程序，并且存在所有权人以其他途径进行维权(例如信访途径)。因此，本书的案例均来自于社会新闻，对于遭受所有权过度限制的当事人的数量以及受影响的程度如何，目前尚无法进行有效的调查和统计。

3. 文献分析方法

主要是对国内外有关财产权保护的相关理论、所有权的社会义务、权利限制与保障、管制性征收、宪法基本权利、公共利益、强制性规范的类型及效力认定、行政法理论、有关权利自由与限制的法学及政治学相关理论的文献进行广泛阅读，作为分析和解决问题的理论基础。

(二)本书的写作难点

本书写作遇到的困难主要有：一是在事例的收集方面，由于相关事例无法进入司法程序，因此只能通过收集社会新闻的方式寻找；而且权利过度限制问题尽管存在，确属并非大量存在，收集途径亦有限，因此在数量和代表性上无法令人满意。二是本书的写作无法回避对行政法的讨论与研究，而问题的解决亦须公法与私法共同作用，因此行政法内容的出现略有冲淡本书的纯粹民法色彩。三是对这一问题的解决更有借鉴意义的是德国和日本的立法与研究，但是受到笔者语言限制，加之德国与日本相关文献国内译文有限，在参考文献上仍有不足。

第一章

公共利益对所有权过度限制的现实表现

第一节　公共利益限制所有权的法律体现

自人类社会产生以来，“公共利益”就出现在了人们的日常生活中。按照社会契约论的观点，人们联合起来建立国家，是为了借助更强大的力量保护自身的利益，从而通过集体的力量满足生存的需要。而在这个过程当中，个体也必须出让一部分自由和利益作为交换。而国家存在的意义就在于保护社会集合体中大多数成员的利益，或者称之为“公共利益”。时至今日，“公共利益”在法律文本中大量出现，随之而来的就是公权力对私权领域日益深入的影响。

一、我国法律中的公共利益规范：以规范目的为标准的归纳

“公共利益”这一概念在我国各个层次的法律规范中均有涉及和体现。截至 2016 年 4 月，在已公布的法律法规中，有 171 部法律、206 部国务院行政法规、215 份司法解释、1431 份部门规章以及 1 万余份地方法规规章都明确规定甚至多次规定了公共利益条款，数量可谓惊人的庞大。[①]

① 数据来源于“北大法宝法律法规数据库”(http://www.pkulaw.cn/)，2016 年 4 月 12 日。

而对这些规范根据其制定的目的进行分类，更加有助于理解公共利益规范的多重价值追求。通过对法律条文中出现的“公共利益”的语境分析，可以将法律中规定公共利益的目的归纳为三类：一是作为法律的立法宗旨和立法目的；二是作为公权力运行的正当化依据；三是划定私权自由行使的边界。[①]

第一类作为立法宗旨的公共利益规范，通常出现在一部法律的开篇，例如《保险法》《反垄断法》的第1条都将“维护社会公共利益”列为立法目的，奠定该部法律的基本理念，体现法律制定的价值追求，并通过整部法律的规则设计来保证这一立法目的的实现。

第二类公共利益规范被设计成为公权力在社会生活中运行的正当性依据，这类规范通常在行政法领域出现，但同时也会出现在私法领域，成为公权力介入私权领域的依据。例如《物权法》第42条有关征收的规定就是以“公共利益”作为国家征收权行使的依据。

第三类公共利益规范被设计为私权自由的边界，这通常是指私法中以法律原则的形式存在的“权利不得滥用”或“公序良俗”的要求，而公共利益则是限制权利自由行使的理由之一。

二、公共利益限制所有权的方式：强制性规范在私法中的运行

在我国的民法理论中，通常依据当事人是否可以在民事行为中排除规范适用，将民法规范划分为任意性规范和强行性规范。对于强行性规范，民事主体必须遵守，不得通过协议加以变更；任意性规范则相反。而强行性规范又依强制方法和目的不同，区分为强制性规范和禁止性规范，即法律命令必须为或者不为特定行为的规范。[②] 公共利益积极干预所有权的自由行使，很大程度上是通过制定强制性规范实现的，这尤其体现在公法规范直接对所有权进行限制。从目前的立法和实践看来，强制性规范主要通过三种形式对私权自由直接产生作用：一是前置于民法的公法

① 参见倪斐：《公共利益的法律类型化研究——规范目的标准的提出与展开》，《法商研究》2010年第3期。

② 参见史尚宽：《民法总论》，中国政法大学出版社2000年版，第328～330页。

规范，包括宪法规范和纯粹行政管制规范；二是出现在特别民法中、外设于传统意义民法的强制性规范；三是出现在民法内部的强制性规范，通常为私权自治设定底线，或是为其他部门法条款进入私权领域提供媒介。[①]

（一）前置型强制性规范

前置于民法的强制性规范主要包括作为民法规范立法基础和依据的宪法规范以及以民事关系为主要管制对象的行政规范。私法与公法本来在社会生活中各有作用的领域，规范技术和目的也截然不同，因此二者在传统理论与实践中一贯泾渭分明。但是当国家逐渐深入干预私权领域，公私法的交错也日益增加。通常认为，公法出于公共利益的考虑而对私权作出的限制实际上是为私权自由划出了边界，相较于民法中的私权自由具有优先地位。从我国的立法及实践来看，宪法规范提供了行政规范干预私权运行的上位法依据，而以实现公共利益为目的而对所有权直接加以限制的前置型规范则主要来自于管制型行政规范。对于民法和行政法交错的这种现象，苏永钦教授作出如下的表述："让平等主体之间的民事规范，主要地或附带地承担辅助管制政策，在现代立法中已经是常见的现象。这类民事规范一方面实现了私法的公平正义，另一方面也借私益实现的诱因，减轻国家管制的执行负担，提高管制的效率……与此相对的，民事立法者在建构市场交易机制时，有时也会考虑到自治条件的不足，而引进国家行政管制甚至刑事制裁，以加速自治条件的完善。"[②]前置于民法的行政法强制性规范主要通过限制权利主体、客体和权利行使方式三个方面，作为公共利益的守护者，为私权自治确定管制的底线，一旦突破这一底线，则会引致负面后果甚至公法中的制裁。因此，在公共利益限制所有权的场合中，前置型强制性规范起到的是消极的利益看守人的作用。

---

① 参见钟瑞栋：《民法中的强制性规范——兼论公法与私法"接轨"的立法途径与规范配置技术》，《法律科学》（西北政法大学学报）2009年第2期。

② 苏永钦：《寻找新民法》，北京大学出版社2012年版，第36页。

（二）外接型强制性规范

外接型强制性规范主要是指出现在特别民法中、目的在于规范特殊群体或特殊领域以促进公共政策实现的强制性规范。在现代社会中，出于公共利益的考虑，以单行法的形式贯彻和体现公共政策的特别民法已经成为民法的重要渊源。特别民法通常采用设定法定权利义务、排除当事人意思自治的方式对私权领域进行积极干预。

与前置型强制性规范不同，外接型规范主要采用积极干预的方式，在内容上具有浓厚的政策导向性，因此也通常会随着政策的变化而改变。通过民事特别法的规定，对权利人的行为进行积极的“管制”，以优先促进和实现公共利益为目的的公共政策便进入了私权领域。也正是在这个意义上，外接型强制性规范的设置是最需要立法者进行反复利益衡量的，权衡自治空间与管制强度，在实现公共政策所追求目标的同时，尽可能地减小权利限制，贯彻民法私权自治的精神和价值取向。

（三）内设型强制性规范

内设型强制性规范是出现在传统意义上的民法内部的强制性规范，与任意性规范相区别。内设型强制性规范主要通过在民法内部为权利行使设定最低法律要求，例如对主体资格的要求和法律行为的构成等。尽管私法自治的精神贯彻民法始终，并不意味着存在绝对的私权自治的领域而丝毫不受国家法律影响。但是此类强制性规范目的并非在于限制私权自治，相反是为了权利自治更好地实现而解决不同权利之间可能出现的摩擦与冲突，是从另一个角度支撑了私法自治的空间，避免私权领域失去秩序。正如苏永钦教授所说，这类规范“并不管制人民的私法行为，而毋宁是提供一套自治的游戏规则……唯一不变的精神就是公平”[①]。

三、公共利益限制所有权在我国法律中的具体表现

20世纪以来，各国对私有财产的限制受到了越来越多的利益考量的

① 苏永钦：《私法自治中的国家强制》，中国法制出版社2005年版，第28页。

影响，为了日益扩大的社会需要和社会福祉而禁止私有财产的过度使用。法律对所有权从主体到内容、从所有权取得方式到行使方式都进行了全方位的限制，以期实现个人利益和社会利益的调和，维护社会整体利益。与来自民法的限制相比，公法对所有权的限制是所有权受到的法律限制中最为严格的，它不以当事人的意思表示为要件，仅为维护国家利益和社会利益而实施。在我国目前的法律体系中，对所有权作出限制性规定的主要是宪法、行政法和经济法，限制的内容则涉及所有权的主体、客体、内容以及所有权的行使方式，受到管制的物也以不动产、交通工具、文物等为主，对于一般的动产限制则较少出现。

（一）公共利益在我国民法中的体现

尽管目前立法并未对“何为公共利益”这一问题给出明细概念和范围界定，“公共利益”在民法领域扮演着不容忽视的角色，尤其体现在契约和物权领域。所有权作为物权的核心内容之一，所受到的限制也大多与公共利益有关。

1. 民法基本原则对所有权行使的限制

“民法基本原则是负载我国社会民事领域根本价值，对自始至终的全部民法规范具有效力的法律规定。”[①]它集中体现了立法者认为在民事领域中最重要的价值。而在社会生活中，这些基本原则也为民事主体提供行为准则和价值导向。民法对所有权的限制，其目的主要是保障个人利益，或者说是出于不同个人利益之间的平衡，在这一基础上实现对公共利益的消极维护。一般来说，不同个体的个人利益之间具有平等性，不能单纯为一方利益而牺牲他方。但是社会是由无数个人利益的总和组成的，如果每个人都可以毫无限制地行使权利，则必然由于个体之间的权利冲突而产生矛盾。在我国，出于实现公共利益的目的，所有权主要受到了来自于民法“权利不得滥用”或称“公序良俗”原则的限制。

我国《民法通则》第7条规定：“民事活动应当尊重社会公德，不得损

① 徐国栋：《民法基本原则解释——以诚实信用原则的法理分析为中心》（增删本），中国政法大学出版社2004年版，第35页。

害社会公共利益，破坏国家经济计划，扰乱社会经济秩序。”规定这一原则的目的在于要求民事活动的当事人在行使权利过程中，能够追求实现个人利益与社会利益的平衡。这一原则在大陆法系通常与诚实信用原则相联系，即权利行使有悖诚实信用原则的，则视为权利滥用。[①] 权利不得滥用原则主要调整私权与社会公共利益之间的关系，将私权行使限制在社会利益所许可的范围内进行。这一要求针对的主要是传统民法理论中的绝对权，而所有权正是在这一范围内。这条原则实际上是为私权自由划定了外围边界，意思自治只能在边界内进行。但是由于社会公共利益本身的不确定性，致使权利自由的边界也十分模糊，客观上为公共利益侵蚀私权自由提供了机会。

2. 公共利益在物权法中的体现

《物权法》第 7 条规定：“物权的取得和行使，应当遵守法律，尊重社会公德，不得损害公共利益和他人合法权益。”根据这一条的要求，取得和行使物权均应遵守法律、尊重社会公德原则的规定，而如此规定的原因在于“现代社会不承认有不受限制的权利，并且随着社会化的发展，物权因公共利益的需要受到越来越多的限制”[②]。而本条规定的另一意义在于，它成为其他部门法规定能够直接作用于所有权的民法上依据，扮演着将公法规定引入所有权领域的中转媒介。另有第 42 条规定：“为了公共利益的需要，依照法律规定的权限和程序可以征收集体所有的土地和单位、个人的房屋及其他不动产。”这一条被视为对所有权的最大限制，即基于公共利益的需要，在一定条件下对所有权人的财产进行剥夺，使之完全丧失所有权。

3. 民法中公共利益限制所有权的两个层面

尽管“公共利益”这一概念含义模糊，却在现代国家的法律体系中扮演着重要角色。而在公法与私法领域，公共利益实际上代表了不同的价值目标。一方面，在公法领域，国家权力的行使正在于维护和实现公共利

① 参见徐国栋:《民法基本原则解释——以诚实信用原则的法理分析为中心》(增删本)，中国政法大学出版社 2004 年版，第 160 页。

② 胡康生主编:《中华人民共和国物权法释义》，法律出版社 2007 年版，第 33 页。

益，公共利益也是国家权力行使的正当性依据；另一方面，在私法领域，私权的行使则以不侵犯公共利益为边界，公共利益为私权自由划定了界限。

我国民法中"公共利益"的使用具有以下几个特点：首先，民法作为典型的私法，对于公共利益的维护体现在对某些有违公共利益的行为或利益作出消极评价，拒绝认可其效力或提供保护。这是因为现今国家作为公共利益的代表，其对社会生活干预的增多和经济社会职能的加强已经成为普遍的趋势，而在以私权为中心的民法中，公共利益从来都不是刻意追求的对象。对于民法来说，权利本位才是民法的性格，"假使从民法中把权利概念抽掉，整个体系将顷刻坍塌"①。其次，在民法中，"占据主导地位的通常是那些自由的、不需要说明理由的决定"②，这就是所谓的"私法自治"。它是法律赋予公民的一种自治空间，在这个自治空间内可以自由地享有权利和设定义务，实现私法上的利益。只要某人的行为并未逾越制定法明确划定的界限，那么原则上即为合法。③ 换句话说，如果要限制私法自治，必须有制定法的明确规定。正如拉伦茨所言："'善良风俗'只起到了一种消极的作用，即限制当事人的私法自治。"④再次，征收作为所有权限制的极端形式，也是物权变动的特殊方式，是国家以行政权取得集体、单位和个人的财产所有权的行为，我国《物权法》第 42 条将公共利益作为这种物权变动的条件之一。基于该条中所规定的公共利益，可以剥夺个人享有的所有权本身，使所有权人彻底丧失权利。在本条规定的引导下，公权力侵入私人领域之深、对民法上权利的干涉之深使征收中的公共利益与限制私法自治的公共利益形成了显著的差别。最后，我国民事立法中对"公共利益"这一概念的使用并非基于同一意义。民法始终贯彻"权利本位"，不会无限地允许以公共利益限制私法上的权利，而是要求这些限制必须通过法律的明确规定正当化和合法化。对权利自由的强制

① 张俊浩：《民法学原理》，中国政法大学出版社 2000 年版，第 41 页。

② [德]迪特尔·梅迪库斯：《德国民法总论》，邵建东译，法律出版社 2001 年版，第 7 页。

③ 参见[德]迪特尔·施瓦布：《民法导论》，郑冲译，法律出版社 2006 年版，第 238 页。

④ [德]卡尔·拉伦茨：《德国民法通论》，王晓晔等译，法律出版社 2003 年版，第 603 页。

性干预越强烈，使这种干预正当化的利益则必须越大。[①] 体现在所有权方面，《物权法》第7条对物权自由作了限制，是人们为了过有秩序的生活必须要存在的一般性标准，因此，这个层面上的公共利益的要求通常是比较低的。而《物权法》第42条中的公共利益是允许公权力深入私权领域，甚至完全剥夺私有财产的条件。无疑这里的"公共利益"要达到比较高的标准，否则极有可能无法防止公权力借"公共利益"之名对所有权进行不正当的干涉与剥夺。

"公共利益"在我国民法中适用的这两个语境在英美法中也对应了两个概念：公共政策（public policy）和公共用途（public use）。表示第一个层面上的公共利益的概念是"公共政策"，违反公共政策是契约无效的原因之一；表示第二个层面上的公共利益的概念是"公共用途"，这是国家征收权得以行使的一个必要条件。在大陆法系，第一个层面上的公共利益通常用"权利不得滥用"或"公序良俗"表示。我国民事立法在概念体系上并不区分这两个层面上的含义，而是统称"公共利益"。但是在具体适用时，对这两个层面的公共利益是应当加以区分的。

以上两种意义上的公共利益对私权的影响显然是不一样的。第一个层面的公共利益，或者说理论上通常使用的"权利不得滥用"，对权利的效果体现为消极评价，即如果权利人行使权利的方式违背了公共秩序和善良风俗的要求，与公共利益相关的条文则会对该项行为作出否定性评价，使个体的行为无法达成他所期待的效果，甚至承担相应的法律责任，其主要作用在于避免私权自治可能导致的不良后果。而第二个层面上使用的公共利益显然对私权有着更加积极的影响，尤其是针对所有权，因为在这一意义上使用的公共利益允许公权力介入私人领域，为追求和实现更大范围的利益而对私权本身作出限缩甚至是直接从权利人处取得权利。

（二）公共利益在公法所有权限制中的体现

1. 我国公法对所有权主体的限制

现代社会，民事主体地位平等的观念深入人心，但是对于某些特殊的

---

① 参见[德]M. 沃尔夫：《物权法》，吴越、李大雪译，法律出版社2004年版，第35页。

财产，尤其是土地，涉及一国的根本经济制度甚至是国家安全，因此各国通常对所有权人的主体资格有所限制。对所有权人的主体资格限制，一是出于国家安全考虑，二是维护一国的所有制基础，三是出于社会公平与经济稳定因素的考虑。其他国家和地区的公法对土地的所有权人的限制性规定，主要针对外国人设置。例如，美国法律规定，政府土地管理局持有的土地不得出售给外国人。我国台湾地区土地法也规定，外国人不得购买农林渔牧、水源、军事要塞等土地。

我国实行社会主义公有制，因此对土地所有权主体的限制性规定也明显反映了这种所有制经济的特点。我国《宪法》第10条有如下规定："城市的土地属于国家所有。农村和城市郊区的土地，除由法律规定属于国家所有的以外，属于集体所有；宅基地和自留地、自留山，也属于集体所有。"这一条规定就以国家根本法的形式将个人和其他经济组织排除出了土地的所有权主体的范围。

2. 我国公法对所有权客体的限制

我国公法对所有权客体的限制主要表现为法律规定某些财产不能由私人所有。例如，根据我国《宪法》第10条和《土地管理法》第8条的规定："城市市区的土地属于国家所有。农村和城市郊区的土地，除由法律规定属于国家所有的以外，属于农民集体所有；宅基地和自留地、自留山，属于农民集体所有。"土地只能在非常有限的情况下成为所有权的客体。同时，《宪法》第9条规定："矿藏、水流、森林、山岭、草原、荒地、滩涂等自然资源，都属于国家所有，即全民所有；由法律规定属于集体所有的森林和山岭、草原、荒地、滩涂除外。"除对以土地资源为代表的自然资源作出特殊规定外，我国还对有可能威胁公共安全的物品作为所有权客体的资格进行限制。例如，《中华人民共和国枪支管理法》第3条明确规定："禁止任何单位或者个人违反法律规定持有、制造(包括变造、装配)、买卖、运输、出租、出借枪支。"因此，除法律特别列明的可以持有枪支的情况外，一般情况下枪支不能成为所有权的客体。

3. 我国公法对所有权行使方式的限制

出于对整个社会的健康、安全、总体福利等因素的考虑，公法中对所有权行使方式的限制可谓繁芜，而且散布于宪法、行政法、经济法、地方法规条例等规范性文件中，欲对这些限制加以全面的梳理和论述几乎是不现实的，故仅能对其中具有代表性的几大类别进行考察。这些限制主要针对土地、房屋、交通工具等财产。

(1) 对土地使用的限制[①]

土地作为最重要的自然资源和生产资料之一，并不能通过补充生产来解决资源不足的问题，其本身具有稀缺性。为求保护和开发土地资源，合理利用土地，各国普遍在公法中对土地的使用进行管制。

① 我国公法对土地使用权限制方式

由国家公权力对土地的用途加以管制，最普遍采用的方法就是对土地进行详细的规划并且针对某些行为(例如改变土地用途)设立行政审批制度。

我国《土地管理法》第 4 条规定："国家实行土地用途管制制度。国家编制土地利用总体规划，规定土地用途，将土地分为农用地、建设用地和未利用地。严格限制农用地转为建设用地，控制建设用地总量，对耕地实行特殊保护……使用土地的单位和个人必须严格按照土地利用总体规划确定的用途使用土地。"针对农村土地，我国法律主要采取的是严格控制土地用途转变的方式，以保护耕地。而针对城市土地，则采取了提前规划的措施，避免城市土地的无序利用。1990 年 4 月 1 日起施行的《城市建筑规划法》，对城市规划区内的土地利用和各项建设实行统一规划管理，明确规定城市建设需要取得建筑用地规划许可证、建设工程规划许可证和城市规划行政主管部门的选址意见书(即"两证一书"制度)。对于未能取得"两证一书"就从事建设的单位，县级以上人民政府城市规划行政主管部门可以责令其停止建设、限期拆除或者没收违法所得。这些法律法规的实施都对土地的使用作出了必要的限制：土地使用权人任意利用其

① 我国土地归国家或集体所有，土地的实际使用人并不享有土地所有权，因此无法在所有权这一范畴内探讨公法对其设置的限制。但是鉴于土地所有权主体的特殊性以及现实中的土地管理方式，土地使用权人实际上享有除处分权之外的许多权能，因此为求论证的全面，对公法设置的土地使用方式上的限制进行探讨仍然是十分有价值的。

土地的权利和自由(例如在生活区建造工厂),受到了来自于城市规划的重大限制。使用权人必须在已有的规划指导下进行建筑活动,而不得有任何违反。在日常的行政执法中,针对居民自行搭建的未经规划许可的建筑物,则作为"违章建筑",予以强制拆除。

通过建设前的规划指导和行政审查监督,公法为享有土地权利的主体设定了一个严格的范围,任何权利的行使都必须严格在这样的界限中进行,一旦越过界限,权利人面临的就是国家公权力的制裁,这远比民法中权利滥用的后果要严厉得多。

② 我国公法对土地使用权限制的内容

我国公法对土地使用权的限制,主要针对的是土地的用途以及在土地上兴建建筑物。公法对土地使用权人如何利用土地作出种种限制,其根本出发点都是为了公共利益的考虑,诸如公共安全、人民健康、环境或是文物保护的需要。尽管难以对这些限制性条款一一列举,但是仍然可以窥一斑而知全豹。与西方传统的土地权利不同,我国的土地使用权范围并不是"上达天空,下及地心"的,而是仅限于地表。土地上空的权利受到航空法律的管制,地下自然资源等仍然属于国家所有。

a. 文物古迹保护法律法规对土地及土地上建筑物权利的限制

目前,我国对文物古迹的保护主要是依据 2002 年 10 月 28 日通过的文物保护法以及各地方的文物保护办法或条例的规定进行的。在与文物保护相关的法律法规中,通常将不可移动的文物及其附着的土地视为一体进行保护,并且保护范围延伸至受保护文物的周边土地,对周围土地的使用方式作出限定。这必然影响到周围土地使用权人和不可移动文物所有权人的权利行使。《文物保护法》第 17 条规定:"在文物保护单位的保护范围内,不得进行其他建设工程或爆破、钻探、挖掘等作业。"第 21 条规定:"国有不可移动文物由使用人负责修缮、保养,非国有不可移动文物由所有人负责修缮、保养。非国有不可移动文物有损毁危险,所有人不具备修缮能力的,当地政府应当给予帮助;所有人具备修缮能力而拒不依法履行修缮义务的,县级以上人民政府可以给予抢救修缮,所需费用由所有人负担。"第 25 条规定:"非国有不可移动文物不得转让、抵押给外国人。"各地方的文物保护相关立法文件也有类似的规定。例如,《北京市文物保护管理办法》第 9 条规定:"在文物保护单位的保护范围内,不得进行其他建设工程;不得在建筑物内及其附近存放易燃、易爆物品;不得拆除、改建原有古建筑及其附属建筑物。确因特殊需要,必须兴建其他工程,拆除、改建或迁移原有古建筑及其附属建筑物时,应经市、区(县)文物行政管理部门报原公布机关批准,并报上级文物主管部门备案。在文物保护单位的保护范围附近修建新建筑,其形式、高度、体量、色调等必须和文物保护单位的建筑物协调。其设计方案,应事先报经文物行政管理部门同意和城市规划部门批准。"《苏州市古建筑保护条例》第 11 条规定:"古建筑不得擅自迁移或者拆除,确需迁移或者拆除的,必须征得文物行政主管部门同意后,报规划行政主管部门批准。"第 13 条规定:"维修古建筑不得任意改变和破坏原有建筑的布局、结构和装修,不得任意改建、扩建。非国有的古建筑有损毁危险,所有人具备修缮能力而拒不履行修缮义务的,当地人民政府可以给予抢救修缮,所需费用由所有人负担;也可以予以置换或者购买。"

根据上述的法律规定,文物古迹所在地的土地使用权人或房屋所有权人只能对古迹进行维护和保养,不能随意翻新、开发、拆除或重建,即使是修缮,也必须在维持原状的前提之下,即所谓的"修旧如旧",并且所有权人有义务承担维护和修缮的费用。针对周边土地使用权人,则对其如何使用土地作出了限制:使用方式不得危害到文物古迹的保护。从保护历史文化古迹角度出发,这种限制确实是必要的,但是在客观上不仅因此妨碍了土地使用权人和文物所有权人正常享有权利,并且可能会带来额外的经济负担。

b. 环境生态保护法律法规对土地使用的限制

随着人们对环境问题的日益重视,各国有关环境保护的立法大量出现,通常都会对土地使用方式作出限制。这些相关立法对一国的资源环境保护以及可持续发展确实是必不可少的。这些法律的出现,客观上对土地所有权人和使用权人或多或少都会产生或限制或禁止的影响。

在我国,影响土地使用的生态环境保护法律有许多,大致可以分为自然环境保护和防止污染两类。

自然环境保护相关法律主要有《环境保护法》《水土保持法》《森林法》《水法》《草原法》《野生动物保护法》《矿产资源法》等等。我国《环境保护法》第18条规定："在国务院、国务院有关主管部门和省、自治区、直辖市人民政府划定的风景名胜区、自然保护区和其他需要特别保护的区域内，不得建设污染环境的工业生产设施；建设其他设施，其污染物排放不得超过规定的排放标准。已经建成的设施，其污染物排放超过规定排放标准的，限期治理。"《水土保持法》和《水土保持法实施条例》则规定，为保护水土资源，在一些地区的土地使用人禁止从事某些行为，例如毁林开荒，烧山开荒，在陡坡地、干旱地区铲草皮或开垦种植农作物等。对水源涵养林、水土保持林、防风固沙林则只允许进行抚育和更新性质的采伐。土地使用人不得任意砍伐土地上的林木。

防止污染的相关法律对土地使用的限制集中体现在防治水污染的相关法律文件中。《水污染防治法》第13条规定："新建、扩建、改建直接或者间接向水体排放污染物的建设项目和其他水上设施，必须遵守国家有关建设项目环境保护管理的规定。"《饮用水水源保护区污染防治管理规定》中规定，在水源保护区内，禁止新建、扩建与供水设施和保护水源无关的建设项目，禁止从事种植、放养家禽等活动，不得设置与供水需要无关的码头，禁止停靠船舶等。

出于生态环境保护和防止污染的目的对土地使用方式作出限制显然是十分必要的，但是客观上仍然对受管制的土地使用权人以及土地上的居民和生产单位都构成了较大的限制，甚至有可能出现为公共利益过度牺牲个人和集体利益的情形。

c. 公共利益对土地使用的其他限制

公共利益对土地使用的其他限制首先表现为国家为调控房地产市场，促进土地节约利用、缩短土地建设周期而对土地开发时间作出的限制。《城市房地产管理法》第25条规定："以出让方式取得土地使用权进行房地产开发的，必须按照土地使用权出让合同约定的土地用途、动工开发期限开发土地。超过出让合同约定的动工开发日期满一年未动工开发的，可以征收相当于土地使用权出让金20%以下的土地闲置费；满二年未动工开发的，可以无偿收回土地使用权。”2008年1月，国务院颁布的《国务院关于促进节约集约用地的通知》也重申：土地闲置满两年、依法应当无偿收回的，坚决无偿收回，重新安排使用；土地闲置满一年不满两年的，按出让或划拨土地价款的20%征收土地闲置费。对闲置土地特别是闲置房地产用地要征缴增值地价。这一举措正是为了打击囤地行为，但是变相地对土地使用权人如何使用土地作出了限制。

公共利益对土地使用方面的其他限制还表现为对土地上兴建建筑物的限制。目前，各国都对房屋建筑工作进行法律管制，而类似的限制实际上由来已久，早在罗马法时期就已经产生。针对房屋建筑，从设计到施工，从高度到间距，从通风到采光，都有相应的限制性规定。当然，在民法中有关相邻权的规定也是对房屋建筑的各方面进行限制，但是并非完全出于公共利益的考虑，而是更多地考虑到特定的相邻建筑物的方便。尽管在土地上修建建筑物是土地权利人行使权利的当然表现，但是任何建筑物都与安全、交通、消防、卫生、环境、城市文化等公共利益有关，土地权利人必须遵守与服从土地规划的要求，并受到建筑法规的制约。

我国于1997年颁布的《建筑法》实行建筑许可制度，包括建筑工程施工许可和从业资格许可，并对土地上的建筑物布局作出强制性的技术规定。房屋建筑的管制，出于实际需要的考虑，通常包括建筑高度、建筑间距、建筑后退、沿路建筑高度、相邻地段的建筑规定等。限制建筑高度的因素除了地基承载力、建筑整体或局部地区的环境要求（例如通风和采光）外，尚有许多社会因素也在考虑之内。具有代表性的例子是北京故宫、沈阳故宫、南京明故宫、杭州西湖等景区周围都规划出了缓冲区，对缓冲区内的建筑高度作出了严格的限定。北京2004年作出规定，故宫周边一定范围内的建筑物高度不得超过9米，范围内的超高建筑将被拆除，并对区域内的建筑风格作出了详细的规定。

为满足消防、交通、采光通风等需求，在土地上修建的建筑物必须与其他建筑物保持一定的距离。我国《建筑法》还有建筑物后退的规定，即建筑物相对于规划土地边界应当后退一段距离。例如《上海市城市规划管理技术规定》第37条："道路交叉口四周的建筑物后退道路规划红线的距离，多、低层建筑不得小于5米，高层不得小于8米。"但是后退意味着用地面积的损失，因此只有依靠建筑和规划法律法规的强制力才能使土地使用人和开发商遵守。以上规定的存在对于公共安全和社会利益而言是十分必要的，但是在客观上确实限制了土地权利的行使。

(2)对建筑物所有权行使的限制

①对房屋交易的管制

契约自由是私法自治的基础和重要原则，同时在很多情况下反映所有权中的处分自由。房屋交易自由应当是契约自由的重要表现。但是鉴于房屋在个人生活乃至社会生活中的重要意义，并且传统的契约自由已经受到了经济立法的限制，因此房屋交易也受到了包括交易方式、交易内容、交易时间等限制。我国对房屋交易的规定主要通过城市房地产管理法和土地管理法实现。《城市房地产管理法》规定：一是商品房预售必须取得预售许可证；二是房屋转让必须签订书面转让合同；三是实行交易价格申报制度；四是实行房屋交易登记制度；五是以划拨方式取得土地的，转让房屋时须缴纳土地使用权出让金。以上措施主要是为了实现国家对房屋交易信息的适度监控。

2003～2014年，针对当时我国房地产市场过热导致房价飞涨，国务院曾多次出台文件，通过采取一系列措施对城市房地产进行宏观调控，以期稳定市场。这些措施包括：第一，个人出售二手房屋，必须缴纳个人所得税；第二，个人购买住房不满5年对外销售的，按销售收入全额征收营业税；第三，对个别一线城市和房价上涨过快的城市实行限购二套房，禁购三套房政策。这一系列政策在客观上造成对房屋所有权人自由处分财产的限制。

对农村房屋所有权转让的限制，主要来自于土地管理法和物权法等有关宅基地的相关规定。农村村民一户只能拥有一处宅基地；宅基地转让、出租的，不得再申请宅基地；权利人转让房屋及其宅基地使用权的，仅限于本集体经济组织内符合建房申请宅基地条件的成员。因此，农村房屋所有权人只能向本集体经济组织内部人员转让自己所有的房屋。

② 对房屋租赁的管制

作为房屋所有权人，在法律规定的范围内，基于私法自治的精神，原则上可以自由决定将房屋租给谁以及租金的数额。但是法律为了保护经济上的弱势群体，有时会对房屋所有人的这些权利作出限制。例如，美国就有立法禁止房东在选择房客时实行某些类别的歧视，并且限制租金数额及涨幅。我国目前尚未对房屋租赁作出详细的强制性规定，但是我国台湾地区土地法第97条规定，城市地方房屋租金额不超过房地总价年息10%，即为对房租管制的体现。而且目前我国数个一线城市已经开始讨论房租管制立法，相信在鼓励住房租赁的社会背景下，很快就会有相关政策出台。对房租进行管制的制度在各国仍然存在很多争议，因为这样的规定在很大程度上影响了所有权人的收益，加之法律为出租人设定的维护修缮义务，更是加重了这一影响。

(3)对交通工具所有权行使的限制

一般来说，对于汽车、自行车等居民日常使用的私人交通工具，国家仅对其安全性作出要求并且建立了登记制度以掌握信息，所有权人有使用交通工具的自由，国家并不会过分干涉交通工具的使用方式。但是近年来我国交通工具数量激增，城市交通拥堵成为亟须解决的问题，许多城市不得不针对某些交通工具制定了限制性措施，对所有权人如何使用私人交通工具作出了要求。除此之外，由于机动车尾气是我国城市空气污染的一大来源，环境部门针对机动车尾气排放制定了标准，事实上也构成对机动车使用的限制。

① 出于缓解交通目的制定的限制性措施

为缓解交通拥堵，维护交通安全，许多地方法规和规范性文件通常采取限行或禁行的措施，对私人交通工具的使用作出限制，规定某种交通工具在某时间或某路段不得使用。例如，早在1991年，广州市便率先开始对摩托车上牌作出限制，随后相继出台禁止外地摩托车进入广州市和禁止摩托车在市内若干特定区域行驶的规定。并于2006年10月出台规定：自2007年1月1日起全面禁摩，即除执行任务的军警用摩托车之外，禁止摩托车在市区范围内行驶。截至出台这一规定时，仍然登记在案的

26 万辆摩托车要在 2007 年 1 月 1 日前办理报废或迁移手续。[①]深圳市则于 2011 年通过《深圳经济特区道路交通安全管理条例》,其中第 36 条第 1 款规定:“市公安机关交通管理部门可以根据道路通行条件,划定区域、路段、时段,对摩托车、电瓶车以及电动自行车和其他非机动车采取限制通行或者禁止通行的措施。”并从 2012 年 4 月起,开始了“禁摩限电”运动,规定若干区域和道路禁止摩托车行驶;除若干特殊种类电动车外,限制普通两轮电动车进入大部分市区道路,禁止三轮车通行。除此之外,更加为人熟知的是北京市机动车尾号限行措施,机动车每周有一天的特定时段不得在五环范围内道路上行驶。

不可否认,以上的措施对缓解交通压力有着立竿见影的效果,然而所有权人自由使用交通工具的权利在被限行甚至禁行的情况下,受到了极大的影响。所有权人购买交通工具的目的当然是为了使用,而限行措施则是在某一时间或是某一地段内使交通工具彻底失去使用价值。广州的“禁摩”和深圳的“禁电”措施则更为严厉,权利人享有的所有权中最重要的使用权能被剥夺殆尽。

② 出于环保目的制定的限制性措施

为减轻机动车尾气排放造成的大气污染,环境保护部连续三年发布了有关机动车排放标准的多份公告,通过设定标准对机动车所有权作出了限制。2012 年 12 月 3 日发布的《关于实施国家第五阶段气体燃料点燃式发动机与汽车排放标准的公告》规定,自 2013 年 1 月 1 日起,所有生产、进口、销售和注册登记的气体燃料点燃式发动机与汽车必须符合《车用压燃式、气体燃料点燃式发动机与汽车排气污染物排放限值及测量方法(中国Ⅲ、Ⅳ、Ⅴ阶段)》(GB17691-2005)中“气体燃料点燃式发动机与汽车第五阶段排放限值”,在此之后如果继续生产、进口、销售超标车辆,将会受到处罚。根据这份公告,从生产和销售者的角度来说,一旦在 2013 年 1 月 1 日之前没有将符合现有标准的发动机或车辆销售完,则余

---

① 参见陈捷生等:《2007 年元旦起广州市区全面禁摩,25 万摩托两月后到死限》,新浪网(http://news.sina.com.cn/o/2006-10-24/090510310873s.shtml),2016 年 6 月 9 日。

下的自动变成超标车辆，不得再进行销售。因此，对于这部分不符合新标准的发动机和车辆，法规已经在实际上剥夺了附着于其上的所有权：所有权人失去了使用、收益以及正常处分这些超标车辆的权利。2008～2012年，环境保护部共发布了6份类似公告，涉及摩托车、轻型汽车、重型汽车和柴油机械等装备发动机的多种工具，每份公告的颁布和实施，背后都有可能存在对生产、销售者的权利限制与剥夺。

(4)对某些特殊物的所有权行使的限制

对于一些特定的物，法律虽然并不禁止普通人拥有所有权，但通常会因为这些特定客体关系国计民生、文化价值或者国防安全，从而限制其自由流通，一般表现为禁止出口或者限制出口。[①] 如我国《文物法》规定，具有重要历史、艺术、科学价值的文物，除经国务院批准运往国外展览的以外，一律禁止出境。《刑法》第151条更是集中体现了这一点，诸如文物、贵重金属、珍稀植物及制品私人所有是完全合法的。但是国家明文规定，贵重金属和文物禁止出口，珍稀植物及制品禁止进出口，否则构成走私罪。

所有权在公法领域受到的限制体现出了以下的特点：

首先，权利限制的目的十分明确。所有权受到的来自行政法和经济法乃至宪法的种种限制，尽管具体原因可能各有不同，但是出发点和目的都是很明确的，即基于公共利益的需要。公共利益之所以成为公法限制所有权的原因，除了公法本身的功能所决定之外，还在于社会资源的稀缺性、个人利益与公共利益协调的必要性以及追求社会正义的需要。

其次，有具体的权利限制的原则。所有权的公法限制通常是协调公权力与私权利、社会与个人的关系。尽管从直接目的上看，公法限制所有权是出于公共利益的需要，但是在这一过程中不可避免地会出现公权力的扩大。因此，为了防止公权力不当干涉和限制私权，权力行使必须遵循合理限制、程序限制等具体原则。

再次，对所有权限制的规范构成较为单一。所有权的公法限制一般

---

① 参见胡康生主编：《中华人民共和国物权法释义》，法律出版社2007年版，第33页。

是通过权力对权利的直接限制实现的，因此限权条款比较单一，往往是直接赋予某些特定主体享有一定的权力来达成目的。例如，征收、征税、许可、没收等制度，就是直接由不同行政主体实施的。

最后，限制所有权的立法条款十分分散。不同于私法限制的相对系统和集中，所有权公法限制的条款分散于各领域和各层次的立法中，例如刑法、环境法、交通法、土地法等都有所有权的限制性规定。

第二节　所有权过度限制的实践表现

尽管民法始终以私权自治为基本精神，在关于所有权的立法中也尊重权利自由，对所有权的限制只作为例外而存在。但是不可否认的是，即使作为例外，对所有权的限制性规定也早已经成为所有权制度中的常态化存在。随着现代国家在社会生活各个领域越来越深入的干预，针对私人所有权设置的限制也越来越多，这尤其体现在能够直接反映国家权力运行的公法部门。虽然在制定此类规范时各国对立法技术有一些原则上的要求，例如要求限制措施要合理合法，并且遵循比例原则，追求公共利益与个体权利的平衡，但是这些指导性原则毕竟不是可以清晰量化的，如果在制定规范时稍有不慎越过了“限度”，或者看似合理的规范在执行中却为所有权人带来了沉重的负担，就由适当限制变成了过度限制。公权力和公权力所代表的公共利益就会过度地侵蚀个人权利，其结果可能不仅不会促进公共利益，还会与立法初衷背道而驰，可谓“差之毫厘，谬以千里”。

一、现实中的所有权过度限制

事例一：在周口市川汇区城北办事处（北郊乡）李营自然村，有一座四百年的“明代黄泛区民居”，被列为该市“市级文物保护点”。如今，历经风吹雨打的这座老房子岌岌可危，亟待修缮。根据我国《文物保护法》第21条的规定，对不可移动文物的修缮要本着不改变文物原状的原则，由文物所有人承担修缮费用。然而，“修旧如旧”的技术与资金要求显然远远超出普通房屋的修缮费用，因无修缮款项，又不能随便拆除，这让老宅的所有人李广明感到像捧了个“烫手山芋”。李广明指着老房子说，这是祖上留下来的，是明代建筑。老房子青砖青瓦，共有三间，屋内一片黑暗，墙壁已经裂开。特别是北面的墙壁，已出现两个大洞，都曾用砖修补过。这几年，老房子面临倒塌的危险，其间，他向相关部门申请要了2000元房屋修缮款，但毕竟杯水车薪。“现在我想修房，可家里经济有点困难。”李广明无奈地说。不修吧，又没法住人，按照政府的要求修，拿不出这么多钱，想拆除了盖新房子，政府又不允许。[①]

事例二：1999年，大连市的H先生倾500万元开了一个桑拿中心，这年10月拿到了执照。然而，2001年4月10日，大连市政府下发了《关于关闭部分桑拿洗浴场所的通告》(大政发[2001]22号)，称为了缓解供水紧张局面，要求全市6个区及开发区区域内的桑拿洗浴场所，除星级酒店、涉外宾馆、大众浴池外，从通告发布之日起全部关闭。逾期不关的，市政府将采取查封等措施强行关闭。尽管文件只说是“歇业”，然而没有通知这种停业到何时为止，也没有任何类似补偿或减少损失的措施。根据大连地方媒体的报道，大连市综合执法队在两天内就关闭了299家桑拿洗浴场所。大连市全部的桑拿场所大约有500家，除了大众浴池和酒店宾馆外，大约有320多家被无限期禁止营业。

从2001年8月起，不断有业主向市政府或有关部门申诉，但是显然没有收效。大连缺水早已有之，而桑拿业则是1999年才蓬勃兴起，最多达到500多家。1999年底，大连市才发觉桑拿业发照过多，停止审批，因而现在的业者都是通过正当途径获得执照、合法经营的企业。一位分析者说，关掉这些场所并不意味着用水量的必然减少，事实上，消费需求并未消失，而是分流到酒店桑拿和大众浴池去了。[②]

事例三：2002年6月16日，北京蓝极速网吧一场大火，在全国各地激起了连锁反应。许多地方采取了一刀切的方式，对网吧进行了停业整

---

① 参见于扬：《无钱修缮又无法拆除，周口明代老宅成“烫手山芋”》，人民网河南频道(http://henan.people.com.cn/news/2010/07/28/496549.html)，2013年3月3日。

② 参见林岭东：《大连颁布桑拿封杀令》，2001年4月19日《南方周末》。

顿。在郑州，有关部门以“维护公共安全”为名，以口头通知的形式让数百家网吧关了门。这种“休克疗法”让业主们叫苦不迭。一位业主透露：“每个月房租5000元，专线费用每月3000元，电费、人工加上税费和折旧，一个月净赔一两万元。这还是中小网吧，100台机器以上的大网吧赔的钱就更多了，如果停业三五个月，整个网吧就完了。”像这样停业下去，实在让业主们难以承受。而最让业主们苦恼的是，这种停业状态不知何时才能结束。他们的网吧都是手续一应俱全的合法经营，但是这一句简单的口头通知，就让他们遭受那么大的损失，这个损失该怎么办？[①]

事例四：2004年5月，杨青云在广西南宁市购买两轮摩托车一辆，当日下午凭购车发票、车辆合格证、户口本等凭证，到南宁市公安局交通警察支队车辆管理所申请摩托车注册登记，车管所拒绝受理该申请。杨青云认为，根据我国有关法律规定，凡符合登记条件的机动车辆，应当给予注册登记。其购买的车辆符合国家规定的安全技术要求，所提交的证明和凭证也合法有效，车管所不予受理的行为属于行政不作为。因此，杨青云向南宁市江南区人民法院提起行政诉讼。被告车管所辩称，2002年1月初，南宁市人民政府办公厅先后发布《市人民政府办公厅批转市公安局等六部门〈关于调减南宁市摩托车总量，停止摩托车注册登记和营运的意见〉的通知》（南府办[2002]2号）和《市人民政府办公厅关于调减南宁市摩托车总量，停止摩托车注册登记和营运的通知》（南府办[2002]5号），决定于2002年1月10日零时起，市辖区、县各车辆管理机构停止办理摩托车注册登记。因此，本案被告已经不具备受理原告申请为摩托车办理注册登记的职权。2004年7月13日，法院一审判决杨青云败诉，而杨青云购买的手续齐全的两轮摩托车一直无法上路行驶。[②]

事例五：2008年9月2日，山西省政府下发《关于加快推进煤矿企业兼并重组的实施意见》（晋政发[2008]23号文），计划对山西煤矿企业进行兼并重组，对煤矿企业生产规模及矿井数量作出规定，鼓励和支持数家

---

① 参见韩天旭：《河南网吧整顿大幕拉起》，2002年7月18日《河南商报》。

② 参见谢未艾：《绝对反击：反禁摩在行动（三）——反禁摩第一案在南宁开庭》，《摩托车趋势》2004年第8期。

省属及国有煤炭集团兼并中小煤矿，从而计划在省内形成特大型和大型煤炭集团。这意味着在山西省登记的2840座矿井中，近半数要被关、停、并、转，而这些面临冲击的矿井多为民间资本所拥有。这一举措也被认为是煤炭业“国进民退”大重组。

煤炭业安全生产的问题，一直受到各界关注。从中央到山西，多年来不断提高矿井规模和安全标准，不达标者禁止开工，迫使矿井投资人不断追加投资完善安全设施。为了使投资人“有恒产者有恒心”，加大安全投入，2004～2006年，山西省还进行了大规模的煤矿产权改革，宣布只要足额缴纳资源价款，就可以一直享有开采权。但是仅仅两年后，游戏规则被推倒重建，首当其冲的正是私人所有的煤矿。据估计，这一举动将使约3000亿民间资本撤离山西，浙商资本投资促进会则表示，仅温州商人的损失可能就在150亿元以上。与此同时，省属大型煤矿企业受益颇丰。而山西省坚信，只有以行政力量强力推进由大型国企主导的兼并重组，才能解决煤炭行业的诸多问题。

这次“煤改”引发的问题显然不止强制兼并一方面。国企在兼并中小煤矿时，由于山西省政府对兼并所需的资金付款比例和付款方式没有详细规定，致使被整合或被关闭的企业迟迟拿不到补偿款。在与兼并方利益博弈的过程中，许多中小煤矿主只得不断降低要价以期早日抽身。而煤矿的价值评估也被认为远远低于煤矿实际价值，甚至低于煤矿的实际投资。根据某县官方统计，该县全部被政策性关闭的矿井补偿金额约为3.6亿元，截至2010年年初仍未到位，这已经成为该县新的“不稳定因素”。①

事例六：2013年12月27日，安徽省政府办公厅转发省安监局等七部门署名的第45号文件《关于烟花爆竹生产企业整体退出的意见》，要求全省75家烟花爆竹企业于2014年12月31日前必须全部关闭。省政府按每家企业80万元的标准安排专项补助，其余的则由市、县适当补助。

① 参见李红兵、李荣东：《山西回眸：沉重的煤改》，中新网山西新闻（http://www.sx.chinanews.com/news/2011/0116/31725.html），2013年6月15日。

然而，安徽省政府这一决定被指与此前出台的文件及规划相矛盾。根据安徽省安监局相关文件，2007年，安徽全省的烟花爆竹企业有300余家，2008～2012年间，安徽省安监局等部门曾多次下发文件，要求烟花爆竹企业"整顿提升""规模化"。2010年起，安徽省通过标准引导、市场淘汰的方式，使不达标的烟花爆竹企业逐渐退出。2012年出台的安徽省安全生产"十二五"规划中还提出："至2015年，比2010年的147家减少35%以上。"正是在上述众多文件的引导下，众多烟花爆竹企业经历了一个大量借贷、大规模建设的过程。至2013年该文件出台时，安徽省75家烟花爆竹企业投资额普遍在千万元以上，突如其来的关停决定中所规定的政府提供的80万元补偿与企业上千万元的实际投入差距太大。

受到影响的花炮企业认为，省政府关停企业的行政决定缺乏法律依据，程序也不合法，其于2014年6月24日提起行政复议，要求撤销该行政决定。安徽省政府以该文件属于内部行为为由，驳回了复议申请。花炮企业随即向合肥市中级人民法院提起行政诉讼。2015年4月20日，合肥中院判决确认安徽省政府作出的45号通知行为违法，并要求省政府于判决生效后60日内采取相应补救措施。目前，受影响的花炮企业和安徽省政府均已提出上诉。①

二、所有权过度限制的类型化解读

所有权的核心权能为占有、使用、收益和处分，因此对所有权进行限制也通常是针对这四个方面。例如，征用即是对所有权人占有财产的限制，"禁摩令"和"禁桑拿令"即是对所有权人如何使用所有物进行了强制性的限制，美国、日本和欧洲数国采取的房租管制政策是对收益权的限

① 参见任重远：《政府一纸令下，安徽再无花炮厂》，南方周末（http://www.infzm.com/content/105578），2016年6月25日；邢丙银：《安徽省政府强关花炮企业被判违法》，澎湃新闻（http://www.thepaper.cn/newsDetail_forward_1340808），2016年6月25日。

制[①],前文提及的强制性兼并则是对处分权或者说是对交易自由的干预。

根据不合理的限制性措施对私人所有权造成的负面影响的程度不同,大致可以将这些过度限制分为两类:为所有权人设置不合理的额外负担或强制并造成实际损失的限制性措施(如前文例一)和对所有权构成实质性剥夺的限制性措施(如前文例四)。前文例二与例三中,尽管所有权人只是被要求关停或整改,但是由于期限的不确定,实质上已经非常接近第二类过度限制,即所有权人已经无法实际上享有权利。

(一)所有权过度限制:为所有权人设置不合理的额外负担或强制

如果规范性文件在对所有权进行限制时为所有权人设置了额外的义务或强制,并且所有权人履行该义务或遵守该强制不仅不会对他所享有的这项所有权有所助益,还可能导致他所享有的其他权利的贬损,此时相关的规范就是为所有权人设置了过重的负担,是对他享有权利的侵犯,构成对所有权的不当限制。例如前文例一中,我国文物古迹保护的相关法律法规中规定了古建筑所有权人负有维护建筑物的义务,并且不得改变建筑物的原貌。[②] 但是"修旧如旧"需要专业的文物勘测设计,对施工队伍的要求也非常高,这显然给所有权人在经济上造成相当大的额外支出,确实可能在一定情况下加重所有权人的负担。

在法律规范中为所有权人设置了不合理负担的情况在国外也并非罕见。欧洲人权法院曾经审理的哈腾-查普斯卡诉波兰政府(*Hutten-*

---

① 房租管制政策在许多国家都有实行,例如美国、英国、日本、德国等,目的在于限制租金上涨,维持既有住宅存量,通常包括出租人无正当理由不得收回房屋、租赁用住宅不得拒绝出租、设定租金上限并且不得上涨等要求。尽管房租管制目前在我国并未实行,但是在目前的市场环境下,地方政府采取价格管制措施并非完全不可能。

② 我国《文物保护法》第21条规定:"国有不可移动文物由使用人负责修缮、保养;非国有不可移动文物由所有人负责修缮、保养。非国有不可移动文物有损毁危险,所有人不具备修缮能力的,当地人民政府应当给予帮助;所有人具备修缮能力而拒不依法履行修缮义务的,县级以上人民政府可以给予抢救修缮,所需费用由所有人负担。"各地的法规则对这一条款进一步作出了细化规定。例如2011年公布的《湘西土家族苗族自治州凤凰历史文化名城保护条例》第8条规定:"核心保护区内的建筑物、构筑物的修缮、翻建,必须采取保留外壳、整修内部的保护措施,保持原有的历史风貌。其建筑风格、体量、色调必须保持明清时期的布局和风貌,修旧如旧……核心保护区内古建筑的所有权人或管理使用人对古建筑维修改造的,应当按照保护维修规划和要求进行施工。维修资金确有困难的,可以向凤凰历史文化名城保护管理机构申请适当补助。"

Czapska v. Poland)一案[①]就是针对波兰的房屋租赁管制性立法提出的，在本案中，原告作为房屋所有权人，明显被施加了不合理的法定义务。

由于住房紧缺、经济萧条等多种历史和现实因素，波兰的房屋租赁管制制度自二战前就存在，并且在1994年和2001年两次法律修订中都没有实质性变化。根据相关法律规定，房屋所有人不得设立房屋租赁合同期限，即使承租人未能履行合同义务，出租人也不得终止出租合同。而且承租人的亲属对合同权利有法定继承权，这使得房屋所有人在事实上无法收回房屋。除此之外，两部法律都为租金设定了上限，不允许出租人任意增加租金，并且为房屋所有人设定了严格的维护房屋的法律义务。而根据波兰宪法法院于2000年和2004年收集的数据，法定的租金水平仅相当于房屋维护费用的30%～60%，不足部分由房屋所有人承担。波兰立法机关在1994年立法文件中规定，这些限制性措施将对私有房屋继续适用至2004年12月31日。

原告Hutten-Czapska女士于1990年继承了她父母在波兰境内的一栋房子。此时这栋房子内仍有被政府许可居住的承租人居住(波兰改变社会制度后，这些得到原政府许可的房屋使用人和房屋所有人之间的关系被新政府颁布法律拟制为准合同关系)。原告于1992年向房屋所在地Gdynia的地区法院提起民事诉讼要求收回房屋，并且要求当地政府对她不能使用这所房屋的损失以及房屋因出租而造成的损坏进行补偿。案件一直上诉至波兰最高法院，但是于1997年被驳回请求。[②]

欧洲人权法院大法官庭于2006年作出判决，认为波兰政府的立法在事实上侵犯了原告对其所拥有的财产的收益权和处分权，判决政府补偿原告的经济损失，并且要求波兰政府建立适当的法律机制来求得维持公

---

① 参见“欧洲人权法院判决书”*Hutten-Czapska v. Poland* [N° 35014/97] Judgment 19.6.2006 [GC]-No 87。

② 值得一提的是，波兰宪法法院分别于2000年和2004年对1994年和2001年两部法律进行了审查，并且宣布这两部法律中的部分措施违反了波兰宪法中有关财产权的保护，并且违反了《欧洲人权公约》第一议定书第1条。但是波兰政府认为宪法法院的一般性审查结果在原告个案中不具有决定性作用。(参见 *Hutten-Czapska v. Poland*[N° 35014/97]Judgment 19.6.2006 [GC]-No 87，判决第80～142段)

共利益和房屋所有者利益之间的平衡，保障受影响的房屋所有人可以获得有效的法律救济。

从国内外出现的可能会对所有权人造成不合理负担的立法的背景和目的来看，出现这种情况的一个客观原因在于所有权合理限制与过度限制之间的界限十分模糊。在确定所有权人应当承担多少义务时，立法者只能通过利益衡量的方式，尽量寻找公共利益与个体权利的平衡点。因此，在立法上出现对所有权限制超越了合理界限的情况在技术上可能难以完全避免，而对此设置补救措施则显得尤为必要。

(二)所有权过度限制：对所有权的实质性剥夺

如果说对所有权人施加了过多的负担或强制导致所有权的过度限制是立法本身难以完全避免的，那么对所有权过度限制造成权利人在事实上丧失所有权，即所有权在实质上被剥夺，则体现了我国在所有权限制相关立法上的制度疏漏：对“管制性征收”的立法空白。

“管制性征收”(regulatory takings)又称为“管制性夺取”或“准征收”，其产生的原因是政府颁布的管制性法律法规对所有权的限制造成所有权人财产受损，最早在美国司法实践中得到承认。从各国普遍接受和采取的对个人所有权的限制方式来看，广义的所有权限制包括了两类：一类是基于所有权的社会义务和国家的警察权而对所有权人如何行使权利作出的限制，政府对于这类措施对个人所有权造成的影响通常是不予补偿的；另一类则是政府出于公共利益的需要，通过法定程序对个人所有权的有偿强制取得，即征收。当政府行使征收权剥夺所有权人的财产时，应当按照正当法律程序给予公平补偿，如果政府采取的管制性措施是基于所有权的社会义务和国家“警察权”行使，则不必给所有权人补偿。但是随着实践的发展，这两类限制之间出现了模糊的灰色地带，尤其是出现了政府公权力对所有权的限制造成了权利的实质性损害，使权利人仅享有所有权之“名”，却无所有权之“实”。按照传统的所有权限制实践，在这种情况下所有权人不能获得公平补偿，因为政府并未行使征收权，并且在法律上来看，所有权人也并未丧失财产本身——他可能只是再也不能以自己的意愿使用它。然而这显然是不公平的，因为对于所有权人来说，财产的价值在很大程度上不体现为占有，而是体现为使用。

为了避免公权力的无限制扩张在不知不觉中构成对公民所有权的过分侵犯，美国联邦法院通过宾夕法尼亚煤炭公司诉马洪（*Pennsylvania Coal Co. v. Mahon*）一案[①]确认了“管制性征收”理论，作为对上述所有权人遭到的不公平对待的回应。根据这一理论，如果政府通过警察权的行使过多地限制公民的所有权到达某个特定的程度，则违反了宪法对财产权保护的精神，构成管制性征收，应当给予公平补偿。在该案中，被告认为政府颁布法令取消自己在住宅区域地下的采矿权损害了其财产价值，是一种征收行为。[②] 初审法院判决该法令因剥夺被告的开采权而违宪，州法院则认为被告的开采权虽然受到宪法保护，但是法令剥夺其开采权属于政府实施警察权。但是美国联邦最高法院认为，这实际上产生了违反宪法的财产权征收行为。霍姆斯大法官说：“如果政府必须为财产价值的任何一点减损支付补偿，则政府将难以继续运转。有些价值是受到默示的限制的，是必须对警察权作出退让的。然而，这种默示限制也必须有其限度……一般性的规则是，财产可以在一定的程度上被管制，而当管制走得太远的时候，管制就将构成夺取。”“使采矿权有价值的原因在于它的行使会产生利润。使开采特定煤矿的权利在商业上不可行，非常接近于为了宪法性的目的征收或摧毁它。”[③]自此，对财产权的部分限制或对财产价值的贬损成为政府征收的一种，依照美国宪法第五和第十四修正案，必须予以公正补偿。

与美国的管制性征收理论相类似，德国联邦普通法院于 1952 年在裁判中创设了“类似征收侵害”，认为所有权限制属于所有权的社会义务，但并非绝对不予补偿，是否补偿取决于公权力对所有权的限制程度。如果对所有权的限制没有损及所有权的本质内涵，则属合宪限制，原则上权利

---

① *Pennsylvania Coal Co. v. Mahon*, 260 U. S. 393(1922).

② 案件简介：1878 年，被告出售土地的地面权给原告，但被告保留开采地下煤矿的权利，原告承担因开采而可能造成的损失并放弃因损失而起诉的权利。1921 年 5 月 27 日，宾夕法尼亚州通过法令，禁止开采煤矿以避免地面建筑物塌陷。被告通知原告准备开采煤矿，原告起诉要求法院禁止被告开采，以避免房屋和地面陷落，并声称被告的开采权已被上述法令剥夺。

③ *Pennsylvania Coal Co. v. Mahon*, 260 U. S. 393(1922).

人应当容忍;如果逾越这一限度形成"特别牺牲",则应当予以补偿。[①]

管制性征收理论需要解决的一个重要问题就在于:如何判断政府的限制性措施究竟是警察权的正当行使还是构成了管制性征收,这一判断直接决定了所有权人能否获得损失补偿。但是要提供一个明确、具体的标准是十分困难的,在戈布拉特等诉汉普斯特城(*Goldblatt et al. v. Town of Hempstead*)一案中,克拉克大法官也说:"没有一个定式可以确定在何处警察权终止而征收开始。"[②]美国和德国在司法实践中形成了多种观点,较有代表性的有美国法院采用的实质侵占理论、妨害控制论、多因素平衡理论以及德国法院采用的特别牺牲理论和期待可能性理论。[③]

在目前我国的社会生活中,大家都将关注的眼光投向征收实践,因为征收是国家权力发起的对公民财产的强制取得,被征收人都无比清晰地体会到"失去"一项财产。然而对不当的甚至过度的所有权限制不予补偿更应当受到重视,因为这是以隐蔽的方式对所有权的侵犯,产生的社会后果可能更为严重,而法律制度的缺失不仅使公民权利救济出现断层,更意味着对公权力限制的缺失,造成在所有权限制性规定方面表现出无度化和无序化。

---

① 参见金俭:《不动产财产权自由与限制研究》,法律出版社2007年版,第187页。

② *Goldblatt et al. v. Town of Hempstead*, 348 U. S. 26(1954).

③ 参见房绍坤、王洪平:《公益征收法研究》,中国人民大学出版社2011年版,第34~43页。

第二章

所有权过度限制问题的根源

在通过强制性规范、以实现公共利益为目的而对所有权进行限制的实践中，产生了所有权过度限制的问题。这些问题的存在并不像近年的征收问题那样颇受关注，因为在征收实践中，公共利益和被征收方的个体利益之间存在尖锐的利益冲突。而在所有权限制的问题中，由强制性规范保障实现的公共利益是以“润物细无声”的方式渗入私权领域，权利人可能感受到自身权利受损，却通常无法意识到问题的症结所在。正因为这些问题目前仍未引起广泛的注意，所有权限制这一领域反而更有可能成为私权的最大威胁。

从目前被社会新闻报道的为数不多的事件中可以看出，所有权过度限制的情形通常以两种方式出现：一是地方立法或行政中出现激进式的对所有权进行强制性限制的规定；二是由于法律条文本身的不明确，导致在执行落实中出现问题。同时，由于我国传统的权利救济方式的限制，受损害的所有权通常落入救济的空白地带，救济的缺失更加剧了所有权过度限制这一问题的严重性。

第一节 所有权过度限制问题的理念根源

所有权过度限制这一问题的产生具有深厚的理念根源。可以说，在立法和实践中出现所有权过度限制问题的根本原因正在于理念。

所有权过度限制的理念根源主要在于我国传统的社会治理思路和私权观念，这不仅直接影响了社会管理手段的选择，更影响到了实践中对"公共利益"的认定，而"公共利益"这一概念的不确定性则是造成所有权过度限制这一问题的另一理念根源。

一、我国传统的社会治理思路及手段的影响

现代国家的角色定位由原先的消极"守夜者"向福利国家转变，国家为促进社会福利，必然会在更大范围和更深层次上干预经济生活，这也就同时意味着公权力必然在私权领域内对自由进行更多的干预。哈耶克在《自由秩序原理》一书中说："个人是否自由，并不取决于他可选择的范围大小，而取决于他能否期望按其现有的意图形成自己的行动途径，或者取决于他人是否有权力操纵各种条件以使他按照他人的意志而非行动者本人的意志行事。因此，自由预设了个人具有某种确获保障的私域(some assured private sphere)，亦预设了他的生活环境中存有一系列情势是他人所不能干涉的。"[①]对个人而言，权利具有相对的排他性，这种排他性不仅针对其他个人，同样可以针对国家，除非对权利的侵犯被法律正当化。而在行政管理活动中，不可否认的是，为了社会管理的方便，行政权力总是倾向于通过各种规定束缚权利自由、使个人服从，从而实现行政管理所追求的秩序。行政对私权领域无原则的干预并不罕见，行政权力既可以在规则制定中干预私权，又可以在行政权力的运行中直接影响私权。在我国，真正意义上的行政法制度是 20 世纪 80 年代后才逐渐形成的，行政

---

① [英]弗里德里希·冯·哈耶克:《自由秩序原理》上册，邓正来译，三联书店 1997 年版，第 5～6 页。

权力在进行社会管理的过程中尚未充分留意到私权的保护，这导致行政管理过程通常伴随私权限制。

由于历史和现实的原因，中国法治化进程主要是政府主导、自上而下、政府与社会互动的模式。它强调在市场经济羽翼未丰，民主化进程有待推进，社会自治能力较为欠缺的情况下，在不排斥社会对法治的推动力的前提下，政府在某些领域运用一定的强制力规制经济与社会的法治建设。而在社会管理理念上，尽管我国提倡建立服务型政府已经多年，但是在实践中，许多地方政府现在仍然没有摆脱采用传统的行政命令型政府所使用的管制型社会管理手段，即由政府主导，以单向型管理方法为主，政府发布政策法规来协调社会关系、规范社会行为和维护社会秩序。在这种长期以来积累的观念影响下，地方政府确实存在着为达到某个目的而采取过于简单直接的强制性一刀切的手段，忽略了个人权利的保护。而此类行政行为在进行合法性评估的时候，所依据的通常又是行政机关自己制定的规则，最后使私权的保障陷入怪圈。或许可以这样认为，这种传统的社会管理理念的最大弊端，在于忽视公民社会的兴起，忽视日益强大的权利观念，迷信行政管制而非社会自治，从而发生对私权的过度侵蚀。

我国的行政权力从机构设置到权能架构可谓是十分强大，上至国务院、各部委，下至乡、镇人民政府，各级政府工作部门、职能机构、派出机关和机构，通过制定各种有名或无名的规范性文件，出于“正当或不正当”的目的，选择采取“合理或不合理”的方式，就能够对普通人的生活产生直接的影响，而这些现象早已渗透人们的日常生活。隐含在这些行政规范背后的，实际上就是行政权力对管制性措施的形成与选择问题。现代社会的迅速变化要求迅速、大量立法，这使代议制机关立法暴露出了力所难及的缺点。因此现代国家通常采用“委任立法”或“授权立法”的方式，使行政机关拥有了广泛的权力。这种模式固然能够灵活机动地反映社会需求，设计出成功的社会管制策略，积极实现公共利益，但是与此同时，强大的行政权又可能由于既形成意志又能强力执行，从而成为公民权利的一大威胁。我国存在的大量职权立法，通常由于缺乏明确具体的上位法限制性指引，加之规则制定者习惯性地以效率原则为规则制定导向，这之中隐藏着忽视私权的巨大隐患。

二、我国意识形态和权利观念的影响

所有权的过度限制所体现出来的，还包括了公共利益与私人权利在利益衡量中的偏颇状态，即为公共利益而过分牺牲了个人权利。这与我国长期以来意识形态的影响和公民权利观念不发达有关系。

第一，新中国成立以来，对公民价值观的引导和影响一直都是强调国家和集体的利益高于一切，个人利益必须服从和奉献于国家和集体利益。对公共利益的过分强调和对个人权利的相对忽视，在现代社会可能会反映为两种不良影响：对公共利益的扩大化理解和把公共利益作为一切限制个人权利的正当化理由。加之我国并没有像西方国家一样经历过倡导个人权利至上的自由资本主义阶段，而是由封建的生产关系直接过渡到社会主义生产关系，公民的个体权利意识并不强烈。因此，为公共利益而过分牺牲私权也就并不是难以接受的了。

第二，我国的社会制度和意识形态导致新中国成立后很长时间内公共财产与私人财产法律地位上的不平等，甚至存在过否认私有财产的时期。我国保护私有财产法律制度建立的标志应当是1986年实施的《民法通则》。尽管当时国家已经意识到了保护私有财产的重要性，但是《民法通则》第73条规定："国家财产神圣不可侵犯。"第75条规定："公民合法财产受法律保护。"对此，学者解读为对此前存在的公私财产保护上的不平等观念的确认。在这种语境下，国家利益被认为是第一位的，公民权利则是第二位。当公民私有财产保护与国家利益发生冲突时，必然要牺牲私人利益而确保国家利益。因此，面对公权力的侵害，法律的天平往往向代表国家利益的一方倾斜，公民享有的所有权则不得不让步。[①] 尽管2004年宪法修正案和2006年《物权法》第4条的规定改变了"国家财产

① 参见梁慧星：《中国民事立法评说：民法典、物权法、侵权责任法》，法律出版社2010年版，第117页。

特殊保护”的指导原则，确认公有财产和私有财产平等保护，但是曾经根深蒂固的公共财产的特殊法律地位仍然在无形中发挥着作用，影响着立法和司法。

通过对所有权过度限制出现在立法中的深层原因的分析，或许就可以解释为什么过度限制措施通常以强制性规范的形式出现，因为这是最能体现公权力这只看得见的手对社会生活的影响和控制的领域，也是公权力直接干预私人生活的最常见手段。就立法的层级来看，行政规章和地方性法规中较容易出现不当限制的措施，因为相对于影响范围更大、制定过程更严格的法律而言，行政规章和地方性法规就立法技术和可操作性上更容易采用某种绝对的强制性措施对个人权利进行过度限制。

三、“公共利益”在理论与实践中的界定模糊

尽管目前从制度上来看，对私权的确认与保护是逐渐完善的，私权行使的空间也应当相应不断扩大，但是事实却并非如此乐观。因为不论私法领域对权利的规定多么完备，在面对公权力时，私权天然地处于弱势。《世界人权宣言》第 29 条第 2 款对公权力介入私权领域作出了如下的一般性描述：“每个人的权利和自由的行使，只受到由法律确定的限制，此限制的目的仅限于保证对其他人的权利和自由的应有的承认与尊重，以及满足民主社会对道德、公共秩序和一般福利的正当要求。”根据这条规定，私权受限制的情形和范围尽管受限于公共利益需要，也仅限于道德、公共秩序和一般福利的正当要求。公共利益向来是公法的核心内容之一，但它同时也是掌握在公权力手中、时刻高悬于私权之上的“达摩克利斯之剑”。在现实中，公共利益的实现多少都会伴随个人利益的让步与妥协，因此，如何正确界定公共利益以避免这把利剑成为随时可能侵蚀私权生存空间的存在，就是未来在保障权利的立法与实践中应当追求的。

通过对我国的法律文本的总结可以看出，尽管我国立法中大量存在公共利益条款，但是并未对“何为公共利益”作出任何明确规定。显然立法者认为，公共利益是难以被准确定义的，因为在不同的领域和情形下，公共利益也是不同的，因此只能由具体执行部门在实践中进行个案分析，

判断公共利益的存在，而非通过明确的条文进行“一刀切”式的界定。

必须承认的是，从立法技术上来讲，这种选择无可厚非。“公共利益”这一概念在法律中是相对开放且不确定的。随着社会的发展，其内涵和外延都在不断更新。而这一不确定概念在法律中以这种方式存在“是因人类在规范的设计上有力不从心之处。他们尚不能完全知道：哪些是应加规范的，以及对已认为应加规范者，应如何才能清楚地加以规范？于是乃乞灵于开放性的概念，期能弹性地、演变地对生活事实加以规范，而不至于挂一漏万”[①]。但是就目前的实践来看，将“公共利益”这一概念的界定在法律文本中完全留白似乎也是不明智的，这种规范方式给规范的具体执行部门提供了相当大的自由解释的空间，在这一空间中掺杂其他群体的利益成为可能。

“公共利益”一词尽管已经频繁出现于现代法律制度之中，然而作为与“个体利益”相对的另外一种更加强大的利益，目前甚至对如何在理论上准确界定这种利益都依然众说纷纭，遑论明确的、具有实践中可操作性的具体界定标准。边沁认为，国家的目的就在于最大限度地促进公共利益的实现，即实现最大幸福，即使为了这种结果要牺牲少数人的固有利益。这也正是边沁所倡导的功利主义法学的要旨之一。从理论上来看，尽管公共利益与个体利益在表面上是相对的，但实质上并不存在根本性的分歧和冲突，因为二者应当是相互维护与促进的。一方面在于公共利益代表了社会共同体中大多数人的共同利益，因此在公共利益得以良好实现的社会中，个体利益必然也得到了有效的维护与实现；另一方面则在于个体利益的维护与实现实际上也是公共利益的实现，因为不特定社会成员的自身利益的集合正是公共利益所要维护与实现的。但是在目前的立法中，公共利益是以独立于个体利益的形式存在，尽管私法的发展仍然围绕私权的确立与维护展开，但现代国家为维护公共利益，对私权的干预也不断加强，其中一方面就是对权利的限制。公共利益的概念和范畴界定不清，必然引发在实践中对“公共利益”认定的混乱。在公权力以“公共

① 黄茂荣：《法学方法与现代民法》，中国政法大学出版社 2011 年版，第 301 页。

利益”的名义限制个体权利时，则难免会遇到这样的质疑：在某一特定情形下公共利益的需要是否存在且正当？公民私权的牺牲是否必要与合理？现实中的“公共利益”条款显然无法解决这两个问题。

第二节　所有权过度限制的制度根源

在现实中存在的所有权过度限制，仅探究其理念根源并不能解释所有问题。国家的管理者也只是有限理性人，当他们的观念明显与社会的需要不相吻合时，一个成熟的市民社会通常可以通过事先建构起的实体性和程序性规则来排除不当决策。因此，当公民的私权受到来自公权力的干涉并且无力抗衡时，这必然意味着在制度的构建中存在权力监督与私权保障的空白。

一、宪法财产权条款结构的不完善

《中华人民共和国宪法》第 13 条规定：“公民的合法的私有财产不受侵犯。国家依照法律规定保护公民的私有财产权和继承权。国家为了公共利益的需要，可以依照法律规定对公民的私有财产实行征收或者征用并给予补偿。”这一条文包含了三个条款，但是在逻辑结构上只对应了权利宣示与保障条款和征收补偿条款，即“保护—剥夺”的双层式结构，并未对财产权的限制作出规定。这种双层结构实际上对应着财产权的“全有”和“全无”两种绝对的状态。[①] 但是在实际生活中，财产权绝大多数时候并不处于这两种状态，而是更多地居于二者之间的灰色地带，即介于财产权绝对保护和剥夺之间的财产权限制。所有权人既不享有绝对的财产权，也并未丧失这项财产，他只是享有受到限制的、不圆满的所有权。目前，我国这一条款的结构显然是与实践不相适应的，体现了对财产权可能受到的限制及其产生的后果没有充分的认识，这使得公权力为所有权人

---

① 参见房绍坤、王洪平：《从财产权保障视角论我国的宪法财产权条款》，《法律科学》（西北政法大学学报）2011 年第 2 期。

设定的对其权利的限制成了无源之水、无本之木，在宪法上就缺乏依据。与此同时，对所有权限制的认识不足，也容易导致在下位法制定过程中公权力过分扩张，对所有权人造成损害，导致私权的过度收缩。更加值得注意的是，由于宪法这一逻辑结构断层的出现，导致我国民法中有关所有权积极限制这一状态的立法空白。公权力出于公共利益的需要而为所有权设置的各种积极的干预是介于所有权消极义务和征收之间的中间状态，这些限制对所有权的干涉明显高于"权利不得滥用"或"公序良俗"的最低要求，但是又不至于到完全丧失所有权的程度，甚至不同的限制也有程度大小的区分，因此基于何种程度的公共利益才能为所有权设置积极限制或者设置多大的限制，似乎也是十分不明确的问题。

二、行政行为合法性评价的怪圈

依法行政是现代国家对公权力运行的基本要求。在我国的行政法运行中，没有哪个系统的法律规则对依法行政的内涵作出界定，也没有哪一部法律对依法行政提出具体的行为标准，而社会治理的观念显然是从公权角度出发的，这导致了行政主体所依之"法"并无层级要求。在行政法领域，出于对各地具体情况的尊重，由上级立法机关授权下级立法或行政机关立法的情形比比皆是。而从目前的行政法理论中对"法"的定位来看，通常将法律以下的规则视为"依法行政"中的"法"，甚至将规章和规范性文件亦包括在内。这便导致了我国"依法行政"依的往往是行政机关出于自己需要而制定的规则，亦被称为"造法行政"。行政机关通过自己所造的法行使权力，结果就是依法干预私权。[①] 而这种情形在实践中很可能直接导致对具体行政行为司法审查的虚置。行政主体既成了"依法行政"中"法"的制造者，又依据该"法"被认为其行政行为合法。这种合法性的判定就陷入了"怪圈"，成为毫无意义的逻辑循环。

不可否认的是，在现代社会中，对权利主体的所有权可能产生的最大威胁并不是来自于其他的权利主体，而是来自于这个社会的管理者：公权

① 参见关保英：《行政法的私权文化与潜能》，山东人民出版社 2011 年版，第 55～60 页。

力。这一点早已被近代西方的启蒙思想家意识到了:在他们看来,权利和自由被侵犯的最大危险不是来自公民个人的不法行为,而是来自于公权力可能的滥用。孟德斯鸠也说,一切有权力的人都容易滥用权力,这是万古不易的一条经验。尽管他们的观点可能存在局限性,但是不得不承认,他们敏锐地发现了可能出现问题的地方。也正是基于这种认识,即使在现代国家中,我们也要强调公权力的自我限缩以及针对公权力的监督对于公民权利保护的重要意义。

目前,我国针对所有权的行使进行限制的法律文件主要以行政法规、规章和具有普遍约束力的命令、决定等形式,频繁出现在社会生活中,对人们的权利构成事实上的约束。从我国相关立法和救济制度的构建来看,存在着许多问题,可能构成对公民权利的潜在威胁,而这些问题主要存在于行政法领域。我国的行政立法权权力分散,尤其是在立法层次上比较低。而在立法理念上,传统以来又一直有"重管制轻保护"的思想影响,导致管制性规定大量出现在地方行政法规、条例、规章之中,而对可能受影响的权利人的保障则少见。根据 2015 年修正的《立法法》,凡设区的市,均可以就城乡建设与管理、环境保护和历史文化保护等方面的事项制定地方性法规。尽管我国相关法律文件对立法程序作出了严格规范,但是不得不令人产生担忧:将行政法规的立法权交给一个城市的人大及其常委会行使,使他们有权力对人民的财产作出强硬的管制性规定,或许是给了公权力太大的空间。从许多地方相继实施的"禁摩令"中,就明显体现出了行政立法权下放的弊端。事实上,对于这类强制性规定,国家发改委在 2005 年已经有过答复:"禁摩""禁微"等做法与现行有关法律法规和国家建设节约型社会的精神是相悖的。但是根据公开资料统计,截至 2016 年,至少有 185 个城市实行着对摩托车、电动车的通行管制。[①]

三、救济制度缺失:权利与救济脱节

目前,我国法律制度中存在的对个人所有权的限制主要体现为受到

---

① 参见陈霄:《禁摩令多伴随争议》,和讯网(http://news.hexun.com/2016-04-13/183284798.html),2016 年 6 月 15 日。

其他平等主体相关权利影响而为个体行使权利划出边界，以及各部门法出于社会管理和公共利益的需要而对个体的权利作出限制。如果出现了对权利的过度限制的情况，除私力救济等方式外，通过诉讼获得司法救济将是所有权人能够获得权利救济的最后保证。在我国的诉讼体系中，以上两种来源的限制分别归属民事和行政诉讼两大领域。而从近年司法实践来看，也已经出现了针对民事行为和具体行政行为都存在异议，从而导致民事救济与行政救济的交叉现象。由于目前对所有权作出限制性规定的立法主要集中在能够直观反映公权力运行的公法领域，因此对于所有权不当限制的行政法救济一直是关注的焦点。

（一）我国对所有权过度限制的民事救济

我国目前对来自于民法的所有权限制制度（如相邻关系、善意取得、建筑物区分所有权）和发生在平等主体之间有关所有权限制的纠纷都是通过民事诉讼来解决的，解决纠纷的法律依据也是民事法律。通过民事诉讼的方式获得对所有权的保护和救济可能是针对所有权保护的最传统的路径，因为所有权在很长时间内都是典型的民事权利，民事权利通过民法来救济是顺理成章的。而民法本身是用来调整平等的主体之间权利义务关系的法律，因此在民法为了使一方权利得以更好地实现从而为另一方设置权利限制时，采用的判断标准应当是更为中立和客观的。因为平等主体的私权所获得的保护也应当是平等的，在民法领域比较少出现为了一方的私权而对另一方的私权进行过分的限制，毕竟追求双方的利益平衡和最大化才是民法的目标。

如果民事主体的所有权由于另一方的行为而受到了超出其应承担的义务的范围（例如在相邻关系中，一方行使权利超出了提供便利的一方应当容忍的限度），此时对所有权的不当限制则转化为对所有权本身的侵犯。所有权作为物权中最重要和核心的权利类型，通过民事诉讼获得对所有权过度限制的救济通常是通过物权请求权实现的。所谓“物权请求权”，是指当物权的完满状态受到妨害或者有妨害之虞时，向司法机关提起保护的请求权；即物权人为保护自己的权利，请求他人为或不为一定行为的权利。物权请求权是由一系列权利组成的权利束，具体的物权请求权是根据对物权构成妨害的事实类型划分的。根据《物权法》的规定，物权请求权被划分为原物返还请求权、排除妨害请求权、消除危险请求权、停止侵害请求权和损害赔偿请求权。

由于民法领域一直秉持的意思自治和契约自由的原则，法律通常不会过度干涉民事主体之间的权利义务关系，而只是基于权利不得滥用和利益最大化的目的设定最低限度的义务。因此，目前看来，在民法领域出现对所有权过度限制的可能性并不大。即使将来立法有可能为民事法律关系中的其中一方当事人的所有权设定过分的义务，权利受到不当限制的所有权人借助民事诉讼获得有效救济也是可以实现的。因为民法作为一个自由和开放的法律部门，允许法官将自己的价值判断通过民法原则引入个案当中以寻求实质正义，避免僵化地适用法条造成民事主体双方权利义务的不对等。

（二）我国对所有权过度限制的行政法救济

相较于民事救济的基本满足所有权人权利保障的诉求，在所有权管制性立法集中的行政法领域，所有权人能够获得的权利保障与救济则明显不足。

在所有权保障方面，我国行政法主要采取两类途径实现：一是严格规范行政法规和规章的制定，要求不得违反宪法和其他上位法[①]；二是在与所有权征收有关的立法中对正当程序和补偿标准作出规定，以规范性文件的方式固定下来，对行政机关的行为作出限制。[②]

在权利救济方面，我国行政法为公民寻求权利救济提供了两个途径：一是行政复议，二是行政诉讼。前者是上级行政机关对下级机关的具体行政行为进行审查，属于行政权内部的自我审查；后者则是司法系统在当事人权利受到行政机关行政行为损害时，为行政行为相对人提供的保护和救济，是来自司法权对行政权的监督。

---

① 参见2001年颁布的《行政法规制定程序条例》和《规章制定程序条例》。

② 2011年1月21日公布并施行的《国有土地上房屋征收与补偿条例》，就体现出了立法机关为了解决房屋征收中出现的诸多矛盾和纠纷而作出的努力，体现为对公权力的限制和对私权利的保护。

在我国传统的行政法理论中，一直将抽象行政行为和具体行政行为的区分作为重要内容之一，原因在于二者的区分在我国行政法提供的权利救济体系中起到了至关重要的作用，关乎受损害的权利能否进入行政复议和行政诉讼救济的视野之中。抽象行政行为是指国家行政机关制定法规、规章和具有普遍约束力的决定、命令等法律规范的行为，适用对象不特定。具体行政行为则是国家行政机关或者行政机关工作人员、法律法规授权的组织、行政机关委托的组织或个人在行政管理活动中行使职权，针对特定主体，就特定事项作出有关该主体权利义务的单方行为。现实中出现的诸多所有权受到过度限制却得不到充分有效的法律救济，原因就在于这些限制大多直接来源于行政机关制定的规范性文件，而非针对特定对象的具体行政行为，而单纯的规范性文件本身作为一项抽象行政行为是不具有可诉性的。

2014 年 11 月全国人大修订通过的行政诉讼法中，文字上不再体现抽象行政行为和具体行政行为的分类，但并不意味着抽象行政行为就此被纳入司法审查的范围。《行政诉讼法》第 2 条第 1 款规定："公民、法人或者其他组织认为行政机关和行政机关工作人员的行政行为侵犯其合法权益，有权依照本法向人民法院提起诉讼。"并在第 12 条以列举的形式规定了行政诉讼的受案范围，甚至该条第 12 款包含了被认为是近似兜底条款的"认为行政机关侵犯其他人身权、财产权等合法权益的"，受案范围比以往有所扩大。然而，第 13 条对行政诉讼受案范围的否定式列举，其中第 2 款依旧包含"行政法规、规章或者行政机关制定、发布的具有普遍约束力的决定、命令"，即过去被排除出行政诉讼受案范围的抽象行政行为，在新的行政诉讼法之下仍然不在行政诉讼的受案范围之内。

尽管修改后的行政诉讼法对行政行为相对人的权利保护有了长足的进步，但是行政法的救济空白依旧存在，而许多所有权受到来自行政法律、法规、规章过度限制的情况并未进入救济范围之内。其一，不论是行政复议还是行政诉讼，都要求必须有针对受限制的所有权人作出行政行为影响到了他的权利，才能够获得进入行政法救济的资格。所以，如果所有权人受到的过度限制直接来自于规范性文件本身，即抽象行政行为直接引起他的权利受损，那么不论是行政复议还是行政诉讼的途径，都是不对他开放的。例如大连颁布“桑拿禁令”一例，经营者受到损失的直接原因就是政府颁布的文件即一个抽象行政行为，这一过程中并没有针对他本人的具体行政行为存在，因此不论是行政复议还是行政诉讼，都不能成为他获得救济的途径。其二，即使是存在针对所有权人的行政行为的情况下，受到过度限制的所有权人能否获得权利救济仍然是充满变数的，因为行政机关的行政行为是依据有普遍约束力的法律、法规、规章和规范性文件作出的。尽管行政复议可以对抽象行政行为进行附带审查，但是能够被附带审查的抽象行政行为仅限于有限的几种[①]，行政法规和规章都被排除在行政复议附带审查的范围之外。行政诉讼作为一种司法程序，其职权在于审查具体行政行为的合法性。一直以来，司法机关都不能对行政行为所依据的规范性文件的合法性进行审查，2014 年修改的行政诉讼法则部分改变了这一局面。该法第 53 条规定：“公民、法人或者其他组织认为行政行为所依据的国务院部门和地方人民政府及其部门制定的规范性文件不合法，在对行政行为提起诉讼时，可以一并请求对该规范性文件进行审查。前款规定的规范性文件不含规章。”第 64 条规定：“人民法院在审理行政案件中，经审查认为本法第 53 条规定的规范性文件不合法的，不作为认定行政行为合法的依据，并向制定机关提出处理建议。”这意

① 并不是针对所有的具体行政行为都可以提起行政复议。根据《中华人民共和国行政复议法》第 6 条和第 7 条规定，可以提起行政复议的情形有：(1)对行政机关作出的警告、罚款、没收违法所得、没收非法财物、责令停产停业、暂扣或者吊销许可证、暂扣或者吊销执照、行政拘留等行政处罚决定不服的；(2)对行政机关作出的限制人身自由或者查封、扣押、冻结财产等行政强制措施决定不服的；(3)对行政机关作出的有关许可证、执照、资质证、资格证等证书变更、中止、撤销的决定不服的；(4)对行政机关作出的关于确认土地、矿藏、水流、森林、山岭、草原、荒地、滩涂、海域等自然资源的所有权或者使用权的决定不服的；(5)认为行政机关侵犯合法的经营自主权的；(6)认为行政机关变更或者废止农业承包合同，侵犯其合法权益的；(7)认为行政机关违法集资、征收财物、摊派费用或者违法要求履行其他义务的；(8)认为符合法定条件，申请行政机关颁发许可证、执照、资质证、资格证等证书，或者申请行政机关审批、登记有关事项，行政机关没有依法办理的；(9)申请行政机关履行保护人身权利、财产权利、受教育权利的法定职责，行政机关没有依法履行的；(10)申请行政机关依法发放抚恤金、社会保险金或者最低生活保障费，行政机关没有依法发放的；(11)认为行政机关的其他具体行政行为侵犯其合法权益的。可以附带审查的抽象行政行为有：国务院部门规定，县级以上地方各级人民政府及其工作部门规定，乡、镇人民政府规定。以上不包括国务院部、委规章和地方政府规章。

味着司法机关可以对规范性文件的合法性进行附带审查以作为判断行政行为合法性的依据，但是无权进行处理，其附带审查的范围也并未明显大于行政复议的附带审查范围。

行政救济途径除上述缺陷外，我国对所有权受到损害的行政相对人的行政补偿范围比较小。法律明确规定的是在所有权征收的情况下必须给予合理补偿，并且也对补偿的标准作出了明确的规定，而对于所有权限制的情形则完全没有提及，其原因自然是目前对于所有权过度限制的问题尚未重视。在前文提及的山西古建筑民居一例中，所有权人由于无力承担法律施加给他的额外负担，而目前对于私人所有的古建筑的维修方面的立法则普遍将这一义务施加给所有权人，尽管规定当地政府“应当给予帮助”，但并未给出具体规定。例如，政府应当在多大的范围内承担这部分费用并没有明确，这导致了目前的困境。

总之，目前我国受到过度限制的所有权人在立法和司法双方面存在缺陷的情况下，普遍存在合法权利不能得到有效的保障和救济的情形，并且受到不合理限制的所有权也并不包含在现有的行政补偿范围内。我国在2004年修订宪法时已经将公民合法的财产权纳入基本权利的范畴，受到国家法律的保护。对作为财产权核心的所有权的保护和救济存在这样的制度缺陷和空白，不啻是对作为基本权利的财产权保护的一大打击。

第三章

解决所有权过度限制问题的理念应对：公共利益与私权的平衡

第一节　所有权立法的理念变迁及价值取向

一、所有权观念及立法理念的变迁

从所有权产生之初直至现代社会，它一直是私法制度所关注的焦点。私有财产的出现给了人们更大的发展自身的机会。从古代的“风能进，雨能进，国王不能进”，到现代的所有权行使须依法且不损害社会公共利益，所有权观念经历了从“绝对所有权”到“相对所有权”，而这种观念的转变也相应地体现在了所有权制度的立法中。

(一)私有财产的起源

尽管在所有权产生之前，人们必然已经有了“持有”和“占有”的财产观念和对物进行控制的形式，但是在“所有”这一观念产生之前，人与物之间的关系更多的是依赖于其人格，并且强调人对物的控制这一事实状态，因此只能算作是单纯的事实观念。只有在“所有”观念产生后，才使得人与物之间的关系得以独立存在而不依赖于人对物的实际控制，这也使得

"所有"这一概念具有了完全的法律上的意义。①

在自然法学派看来,所有权的起源大概是不言自明的:上帝将世界给予人类共有,亦给予他们以理性,每个人都天生地享有自由平等和对财产的占有。② 然而这样的认知并不能回答私有财产是如何产生的:在自然状态下,世界是人类共有和共享的,那么所有的资源就应当向每个个体开放。既然如此,私有财产是如何从共有财产中分离出来,具有排他性的私人财产权又是如何产生的呢?从古代罗马时期至今,无数的学者试图找出这个问题的答案,并且提出了多种学说。

其一,先占说。根据先占理论,所有权最终取决于对一件一直不存在所有人的物的控制。古罗马法学家西塞罗在他的《论义务》一文中阐述了他的主张:"不存在任何天然形成的个人所有,它或是由于古远的占有,例如从前有人去到荒无人烟的地域;或是由于胜利,例如有人通过战争占领某处地方;或是根据法律、契约、协议、阄签……因此,本来属公共所有的东西现在已成为个人所有,那就让每个人拥有已经分配给他的东西。"③ 西塞罗描述了财产私有化的过程,即私有财产如何从公共财产中分离出来,但是并没有对先占的合法性作出论述。对他而言,先占的方式似乎并不重要,重要的是人们有权拥有他们获得的任何财产。先占说在古罗马显然很有影响,在《学说汇纂》中,保罗也持有"私有财产源于自然占有"这一观点。④

其二,劳动说。洛克在《政府论》中,提出了使私有财产与公共财产相分离的关键因素在于人的创造性劳动。洛克认为,人对自己的人身享有所有权,并且这种所有权是专属于他本身的,因此他的身体所从事的劳动也正当地属于他。所以,当一个人通过劳动使任何东西脱离自然所提供的和那个东西所处的状态时,它就成为他的私有财产。"因为既然劳动是

① 参见燕树棠:《公道、自由与法》,清华大学出版社 2006 年版,第 217~218 页。

② 参见[英]洛克:《政府论》下篇,叶启芳、瞿菊农译,商务印书馆 2011 年版,第 17~32 页。

③ [古罗马]西塞罗:《论义务》,王焕生译,中国政法大学出版社 1999 年版,第 21 页。

④ 参见[英]彼得·甘西:《反思财产——从古代到革命时代》,陈高华译,北京大学出版社 2011 年版,第 127~138 页。

劳动者的无可争议的所有物,那么对于这一有所增益的东西,除他以外就没有人能够享有权利。”[①]

洛克的这一观点遇到的问题首先在于:如何判断劳动使某物脱离了自然状态,并且因此能让人获得无主物的财产权。正如诺齐克的比喻:“如果我拥有一罐西红柿汁并把它撒入大海……是我将因此拥有大海,还是我愚蠢地浪费了西红柿汁?”[②]洛克的理论面对的另一问题在于:劳动理论不能解释最先占有。卢梭在《论人类不平等的起源和基础》一书中说:“他们尽管说:这堵墙是我修建的;这块地是我通过劳动挣来的。人们可以反问他们,是谁为你们设定了土地的界限;我们并没有迫使你劳动,你们凭什么要我们来负担你劳动的报酬呢?”[③]显然,洛克接受了乌托邦式的根据劳动来分配财产的理论,但这一理论并不适用于经济社会。

其三,契约说。与洛克同一时期的格劳秀斯和普芬道夫认为,私有财产的确立是人对神的命令的理性回应,先占取得私有财产权必须以默许的或明示的同意为前提。格劳秀斯在《战争与和平法》中描述了原始状态下私有财产的起源,即人和动物在数量上的增长使得个体开始为了自己占有食物,私人所有权随之产生,并提出私人所有权的出现并不是“意愿行为”的结果,而是经由“同意”完成的,“无论是通过分配而给出的明确同意,还是通过占有而产生的默许同意”。[④]

普芬道夫发展了格劳秀斯的这一观点。他在《自然法与国家法》一书中说,上帝让人们使用地上的产品,但没有给出所有权。相反,人们通过运用健全的理性,订立契约来阻止个体在为资源进行竞争时发生冲突。他认为,在社会发展的每一阶段,这种契约都必须是先验的,并且不是一劳永逸而是逐渐连续确立的,这是由事物的状态和人的天性所决定的。就这一观点看来,普芬道夫与后世持人性说的学者不谋而合。

---

① [英]洛克:《政府论》下篇,叶启芳、瞿菊农译,商务印书馆2011年版,第18页。

② [美]罗伯特·诺齐克:《无政府、国家和乌托邦》,何怀宏等译,中国社会科学出版社1991年版,第179页。

③ [法]卢梭:《论人类不平等的起源和基础》,李常山译,商务印书馆1982年版,第151页。

④ 参见[英]彼得·甘西:《反思财产——从古代到革命时代》,陈高华译,北京大学出版社2011年版,第156~158页。

其四，意志说。黑格尔在某种程度上受惠于洛克，提出了有关私有财产起源的独特阐述。他认为，要使“物”成为个人的私有财产，需要将人的“人格”投射于物上。这或许是在试图解决前述洛克的理论所面对的两个问题。黑格尔在《法哲学原理》一书中说：“人有权把他的意志体现在任何物中，因而使该物成为我的东西；人具有这种权利作为他的实体性的目的，因为物在其自身中不具有这种目的，而是从我意志中获得它的规定和灵魂的。这就是人对一切物据为已有的绝对权利。”[①]这或许可以回答诺齐克对洛克的质疑：将一罐西红柿汁倒入大海不能使人取得对海洋的所有权，因为这样的行为并不能使人的意志体现在海洋中。至于卢梭对洛克观点的质疑，黑格尔认为财产是一个社会范畴：其关键不是劳动这一身体行为，也不是此前对物的获取，而是在于社会对作出劳动的人的承认，以及社会所应用的规则。[②] 也就是说，每个人只有通过与别人互相承认对方是私有者，承认对方出于自由意志的占有，他本人才能够享有受到外界承认的所有权。在这个问题上，黑格尔似乎也倾向于契约说。

其五，人性说。西方哲学家通常将“人性恶”作为法存在的不可或缺的预设。霍布斯认为，作为自然的产物，人的情感和欲望构成人性，而利益是情感和欲望的动因，人天生是自私的。[③] 如果每个人都要求按照自己的本性实现自身权利，则必然导致冲突和争斗。出于维护自己利益的需要，人们才会出于理性，选择最有助于自己目的实现的行为方式和社会秩序。魏特林在谈到私有财产的产生时说：“这种‘我的’和‘你的’概念产生于自我维持的需要……这种自然的自我维持的本能，使人想要去获得一切只要有任何一点用处的东西。”[④]恩格斯在《家庭、私有制和国家的起源》一书中提出，原始社会的生产力逐步发展后，产生了剩余产品。这些

① [德]黑格尔：《法哲学原理》，樊阳、张企泰译，商务印书馆 1961 年版，第 44 页。

② 参见[英]彼得·甘西：《反思财产——从古代到革命时代》，陈高华译，北京大学出版社 2011 年版，第 173 页。

③ 参见[英]霍布斯：《利维坦》，黎思复、黎廷弼译，商务印书馆 1985 年版，第 75～76 页。

④ [德]威廉·魏特林：《和谐与自由的保证》，孙泽明译，商务印书馆 1982 年版，第 14 页。

剩余产品被氏族首领占有，从而产生了私有财产和私有制。[①] 或许可以这样理解：私有财产是剩余产品出现后，在人性的支配下自然产生的。持人性说观点的学者认为，如果没有人性的因素，那么当原始社会出现剩余产品后，应当像过去那样在氏族成员之间平均分配，而不会产生私有财产和随之而来的各种社会冲突。换言之，正是由于剩余产品的出现"唤醒"了人的自私本性，才会使人们计较于"我的"和"你的"，并且每个人都想获得更多，从而产生社会矛盾。[②] 为了抑制这样的欲望，国家才会以设定规则的形式确认并且保护私人占有，所有权制度也才得以产生。

（二）"绝对所有权"观念的形成

"绝对所有权"的观念产生于罗马法，尽管直到帝国晚期才出现了与近现代所有权的意义相接近的"proprietas"，用于表示人对物享有的最高权利。准确地说，在《民法大全》中，并没有关于所有权的内容及规定，所有权的概念基本上是由"此物是我的"所确认，即某物归属于某人，某人对某物直接支配。尽管罗马法上并未对所有权作出明确的规定，但是注释法学家们通过对罗马法的研究，总结出所有权具有的绝对性、排他性和永续性三大特征。"所有权的绝对性、排他性和永续性是由于人口繁殖、对利用有限的财富、避免争夺、由公有制蜕变为私有制，以利提高生产力而发展起来的。"[③]

罗马法的绝对所有权概念的形成与个人主义的影响有着紧密的联系。个人主义的核心在于个人对私有财产归属的确定与自由支配，他可以自由地决定某项财产的命运，对于某项财产的支配完全取决于所有者的意志。罗马法谚有云："行使自己的权利者，对任何人均不构成违法。"这体现了人们对绝对权利的认识。"人们不可能在定义中列举所有主有权做什么，而实际上所有主可以对物行使所有可能行使的权利；物潜在的用途是不确定的，而且经济、社会运动是变化无穷的，在某一特定时刻也

① 参见[德]恩格斯：《家庭、私有制和国家的起源》，中共中央马克思恩格斯列宁斯大林著作编译局译，人民出版社 2003 年版，第 152～154 页。

② 参见张云平、刘凯湘：《所有权的人性根据》，《中外法学》1999 年第 2 期。

③ 周枏：《罗马法原论》，商务印书馆 1996 年版，第 299 页。

是无法想象的，法只以否定方式界定所有权的内涵，确定对物主宰权的一般约束。”[①]万民法的发展使得罗马法上出现了真正私法意义上的完整的所有权，并且使个人绝对所有权成为私法上超越国界和种族的一种重要权利。

（三）绝对所有权原则在法律中的确立

中世纪的欧洲存在很强的对私人财产权利及自由的制约，具体表现为不承认私人土地所有权，侵犯私人财产，限制私人所有权行使自由。[②]尽管经院哲学家们承认财产权利是一种基于自然和道德的权利，源于人的本性，具有正当性，但是私有财产被认为是起源于原罪，代表着人的自私与贪欲。[③] 托马斯·阿奎纳认为，权利和权利的行使应当是分开的。“人们只应当在有利于公共幸福的情况下把有形的东西保留下来作为他们自己的东西，各人都愿意在必要时同别人共享那些东西。”[④]这就是中世纪神学家们推崇的“私权公享”。在这种观念的影响和引导之下，个人只享有残缺不全的所有权，财产权利被严重地忽视。

随着近代资本主义生产关系的萌芽与发展，以及以维护私有财产关系为中心的罗马法的复兴，罗马法所体现的个人主义和自由主义对当时的所有权观念重新产生了很大影响。它要求所有权的无限性，赋予个人行动以最大的自由，以激发个人的主动精神。在经历了文艺复兴和宗教改革运动之后，新兴资产阶级提出了人人生来具有不可转让和不可剥夺的权利，即生命权、财产权和追求幸福的权利。这种思想在启蒙运动中得到了强化，并在19世纪时，使理性主义、个人主义和自由主义全面兴起，财产权也在19世纪时获得了至上的地位。所有权意味着绝对的排他性，人们不仅在取得财产时享有自由的权利，而且所有权人可以任意支配和

---

① [意]彼得罗·彭梵德：《罗马法教科书》，黄风译，中国政法大学出版社1992年版，第194页。

② 参见赵文洪：《私人财产权利体系的发展——西方市场经济和资本主义的起源问题研究》，中国社会科学出版社1998年版，第58～60页。

③ 参见[美]列奥·施特劳斯、约瑟夫·克罗波西：《政治哲学史》上册，李天然等译，河北人民出版社1998年版，第83～85页。

④ [意]托马斯·阿奎那：《阿奎那政治著作选》，马清槐译，商务印书馆1982年版，第142页。

行使权利。私人所有和自由财产的观念在19世纪时深入人心，获得了西方国家的普遍承认。私人所有权神圣不可侵犯也成了许多国家宪法和民法的一项基本原则，这与当时自由主义思潮的影响也有很大关系。“绝对所有权”概念成为之后西方民法的最核心内容之一，“维护财产权是社会契约的首要内容”[①]。康德就曾作出评价：在19世纪，所有权成为一种绝对的权利和社会秩序的基础。绝对所有权的观念同时也构成了西方的个人主义权利观的价值基础，为国家提供了处理私人权利的原则。孟德斯鸠认为，政治法使人类获得自由，民法使人类获得财产。国家与个人在民法范畴内处理财产关系，就使两方处于平等的谈判地位，从而使私有财产能够对抗强大的对手并因此而“神圣不可侵犯”。他还认为，公共利益绝不是用政治性的法律剥夺个人财产，或是削减哪怕最微小的一部分。在这种场合必须严格遵守民法，绝不应该凭政治法采取行动，此时公家就是以私人的资格与个体办理交涉而已。[②] 近代社会所有权绝对的观念与相关立法成为自由和个人自治的客观基础，并使对所有权的保护成为近代民法的核心目标。

在反对封建王权对私人财产的侵犯，保护个人财产、安全和自由，促进商品经济发展方面，绝对所有权在当时的历史背景下起到了积极的作用。私有财产神圣不可侵犯的观念深入人心：拥有私有财产是每个人的自然权利和天赋人权，私有财产在通过契约结成的政治社会中神圣不可侵犯，政府在以税收和其他方式对所有权进行限制时一定要经过人民或其代表的同意并要有法律程序予以保证，任何人都不得侵犯其他个人的财产。各国不仅在基本法中明确这一原则，更在司法实践中体现出了这一原则产生的深远影响。以美国为例，美国财产法以自由意志理论为基础，所有权人可以完全依自己的意志行使权利。直到19世纪末期，判例法中仍然认为财产法中不存在“权利滥用”。大法官霍姆斯在“刁难人的

① [美]伯纳德·施瓦茨：《美国法律史》，王军等译，法律出版社2011年版，第131页。

② 参见[法]孟德斯鸠：《论法的精神》下册，张雁深译，商务印书馆1963年版，第189～191页。

栅栏"一案[①]中说:"个人自由的理论和一个人对其财产的个人支配权的理论使他能做令其他人厌烦的事……对此不会有什么惩罚。"当时大多数法院认为,一个人支配自己财产的权利与是否出于恶意无关,甚至如果"只是为了损害别人而使用自己财产的权利也是……为了各种不同目的而确立的权利的一种或多或少是必要的附属权利"[②]。由此可见,在当时的理念中,所有权是一项可以被"滥用"的绝对权利,所有权人可以行使权利时完全置他人与社会利益于不顾,完全依自己的意志行事。至少在美国财产法的历史上,这种观念直到 20 世纪上半叶都依然存在。

(四)所有权社会化的兴起和立法确认

19 世纪末期,以自由主义和个人本位的思想为指导的社会运行方式逐渐显现出了诸多弊端。绝对所有权过分强调个人利益而忽视社会整体利益,加之当时社会的贫富差距不断加大,不仅导致了社会阶层之间矛盾的增加,更加阻碍了大规模生产的发展。更有甚者,所有权的绝对自由并不禁止所有权滥用,因而会损害他人权利和社会利益。在这样的社会背景下,所有权的绝对自由受到了重新的检视和修正,这种观念也逐渐被所有权社会化的思想所取代。所有权社会化强调所有权的行使要考虑到社会公共利益的需要,不容个人滥用权利,损害他人和公共利益。个人所有权的行使应当与社会公共利益相协调。所有权社会化就是以矫正所有权绝对自由导致的弊端为目的。首先提出所有权社会化这一思想的是功利主义的代表人物耶林。他在《法律:实现目的的手段》一书中说,所有权行使的目的,不仅应当为了个人利益,同时也应当为了社会利益。因此,应该以社会的所有权制度取代个人所有权制度。耶林认为没有什么绝对的财产,也不存在可以不考虑公共利益的私人所有权,社会共同体的生活中不允许私人财产的不当使用。[③] 其后,基尔克秉承耶林的思想,在《德意

① 一块土地的所有者在他的土地边界附近修筑了一道丑陋的栅栏。他不是为了自己方便,栅栏对他而言也没有任何实用意义,而是纯粹为了遮住邻居的光源并造成对方的不快。(参见[美]伯纳德·施瓦茨:《美国法律史》,王军等译,法律出版社 2011 年版,第 112 页)

② [美]伯纳德·施瓦茨:《美国法律史》,王军等译,法律出版社 2011 年版,第 145 页。

③ 参见肖厚国:《所有权的兴起与衰落》,山东人民出版社 2003 年版,第 201 页。

志私法论》中说："所有权绝不是一种与外界对立的丝毫不受限制的绝对权利，相反，所有人应依法律程序，并顾及各个财产的性质与目的行使其权利。"[①]在法国，狄骥还提出："所有权不是一种权利，而为一种社会功能。所有主，换言之就是财富的持有者，因持有财富的事实，负有完成社会功能之义务；当他完成这个功能，他的所有主之行为就被保护……统治者强迫他完成所有主的社会功能是合法的干涉，这个干涉在确保他所持有之财富依照它的用途加以使用。"[②]所有权社会化的理论正是意在解决绝对所有权带来的弊端。这正迎合了社会法学的观点：一切权利都是社会权，在私权的行使中，不能完全依个人的意志，而应当以社会利益为根据，针对私权施加限制，即私权应当负担的社会义务。[③] 所有权作为私权最核心的内容，为了维护社会正义，应当承担相应的社会义务，进行自我限缩。在所有权人充分享有所有权的同时，其权利的行使还应当有利于社会公共利益的实现。

作为对这种观念变化的回应和体现，德国 1919 年《魏玛宪法》第 153 条第 3 款规定："所有权负有义务，财产权的行使要以公共福祉为目的。"这是所有权的社会义务第一次以一国基本法的形式被确定下来，也正是这样一个重大的转变，使《魏玛宪法》被视为近代宪法转向现代宪法的里程碑。[④] 这一观念渐被其他国家接受，规定在宪法中。如 1946 年《日本宪法》第 29 条第 2 项规定："财产权之内容，须符合于公共利益，以法律规定之。"1948 年《意大利共和国宪法》第 42 条第 2 项规定："私有财产受法律之承认及保障。法律为确保私有财产之社会机能并使一切人均能享受，应规定其取得、享有之方法及其限制。"

各国宪法的这种改变对整个法律体系尤其是民法秩序产生了深远的影响。在所有权社会化理论影响下，现代宪法建构的以所有权为核心的

---

① 转引自梁慧星：《中国物权法研究》，法律出版社 1998 年版，第 246～250 页。

② [法]狄骥：《〈拿破仑法典〉以来私法的普通变迁》，徐砥平译，中国政法大学出版社 2003 年版，第 148～150 页。

③ 参见金俭：《不动产财产权自由与限制研究》，法律出版社 2007 年版，第 85 页。

④ 参见[日]杉原泰雄：《宪法的历史——比较宪法学新论》，吕昶、渠涛译，社会科学文献出版社 2000 年版，第 114 页。

财产权制度在保障财产权的私人性和自由性的前提下，更加关注社会共同体的生活，关注个人自由的社会关联性。宪法的这种价值取向深深地影响了民法的财产权制度，现代民法在依然坚持私有财产保护和契约自由的同时，更加注意民法的社会因素，强调对弱者的保护和利益的平衡。[①] 正如拉伦茨所说的："如果说在以前，公法中规定的对所有权的限制只能算作是某种'例外现象'，它们在根本上无法改变所有权人享有的广泛的使用权和处分权；那么在今天，这些限制已经成了共同决定着所有权内容的因素。"[②]至此，以绝对所有权和保护个人自由为中心的传统财产权观念逐渐被所有权社会化所取代，所有权人依照自己的喜好任意支配财产的绝对权利也就不复存在了。

(五)近现代所有权立法目标与功能的转变

所有权社会化的核心在于强调所有权的行使应当符合社会公共利益，所有权不仅仅是所有权人增进自己福利的工具，它还承担着社会义务。这当然不是否认私人权利和利益，而是强调对所有权的适当限制，在个人利益与社会利益之间找到平衡。在这种观念的影响下，现代所有权立法的价值目标和功能都与近代所有权立法出现了较大的区别。

首先，所有权立法由"个人本位"转变为"社会本位"。这一转变正是所有权社会化的核心所在。近代所有权立法更多地强调个人权利的至上和行使权利的绝对自由，从所有权人的角度出发，最大限度地促进个人利益。而现代社会所有权立法突出地体现了对社会利益的考虑，所有权不仅要为个人利益服务，还要服务于社会整体利益的促进。为满足社会利益的要求，所有权的行使要受到适当的限缩。这也符合了现代社会由于人口增加和资源匮乏而产生的充分利用资源以满足全社会需要的要求。

其次，所有权立法原则由"绝对自由"转变为"有限自由"。近代民法中备受推崇的"所有权至上"在现代受到了冲击，禁止权利滥用原则在法律中得以确立。"迄今为止，一直存在着一种不可动摇的趋势，就是对所

---

① 参见张翔：《财产权的社会义务》，《中国社会科学》2012年第9期。

② ［德］卡尔·拉伦茨：《德国民法通论》上册，王晓晔等译，法律出版社2004年版，第53页。

有人随心所欲处置其财产的自由，加强法律上的限制。”[①]越来越多的公法规范对所有权的行使作出了限制性的规定，为所有权施加社会义务，所有权则只能在法律划定的界限之内运行。“如果以前财产法还意味着权力，那么本世纪70年代以来，财产法在法律上却意味着责任。”[②]

再次，所有权立法的目标由单纯保护“私人占有”转变为兼而维护“公共分配”。现代法律的重要职能之一在于保证社会资源的公平分配。近代所有权立法更加关注私人权利的保护，使人们享有的所有权免受来自国家和他人的侵犯，这在当时的历史背景下当然有其积极的意义。但是现代所有权立法更多地倾向于在社会中公正地分配资源，通过公权力介入私人所有权的行使，实现社会平等，促进公共利益。通过对多方利益的权衡，使社会财富在一定程度上实现公正分配，减少贫富不均。

最后，所有权立法的重心由保护所有状态转向关注物的充分利用。以前人们关心的是能够拥有更多的物，并且可以对这些物进行自主的利用。因此，近代所有权的立法重点在于保护一种所有的状态，只要一个人享有所有权，那么他如何行使这一权利就不容其他任何人的置喙。现代时期，人们更关注对物的有效利用和获得收益，对是否由自己直接占有和管理该物则并不看重。[③] 这种观念的变化，带来的是民法上物权制度的发达。为了获得利益，所有权人可以采用自我利用、设定他物权、让渡所有权、转让使用权、委托他人经管等方法。

二、所有权限制的理论基础

作为人类所享有的最基本和最重要的权利之一，所有权一直是法律所关注的焦点。18世纪的思想家们，例如大卫·休谟和亚当·斯密，都认为对财产权的保护是法律存在的主要理由。[④] 美国制宪会议期间，约

① [德]罗伯特·霍恩、海因·克茨：《德国民商法导论》，楚建译，中国大百科全书出版社1996年版，第189页。

② [美]伯纳德·施瓦茨：《美国法律史》，王军等译，法律出版社2011年版，第235页。

③ 参见程萍：《财产所有权的保护与限制》，中国人民公安大学出版社1996年版，第137页。

④ 参见[英]彼得·斯坦、约翰·香德：《西方社会的法律价值》，王献平译，中国法制出版社2004年版，第292页。

翰·亚当斯说:“财产必须受到保护,不然,自由就没有存在的可能。”[①]孟子则说:“若民,则无恒产,因无恒心。苟无恒心,放辟邪侈,无不为己。”[②]先贤们的论述充分说明了财产对于自由、人格甚至是社会秩序的重要意义。我国在2004年修改宪法时,规定“公民的合法的私有财产不受侵犯”,将以所有权为代表的财产权写入宪法,确认为一项公民基本权利进行保护,被视为我国宪政建设的一大进步。但是法律仍然对如此重要的权利作出了各项限制,甚至有日益增加的趋势,是因为对所有权进行限制有着法理学和经济学的理论基础,也有着现实的正当性基础。

(一)所有权限制的法经济学基础:外部性和交易成本理论

效率,就是追求以最少的资源为代价,实现在一定条件下的最大效果,从而使资源流向能够发挥最大作用之处。[③] 按照法经济学的解释,所有权制度的建立就是为了有效利用资源。波斯纳认为,对所有权的建立与保护为人们提供了投资的诱因。如果没有所有权制度,人们就不会倾向于投资到物上,因为他对物不享有权利,不能获得保护。所有权制度建立了个人对特定资源的排他的占有、使用、收益、处分的权利,能够促进人们最大限度地利用资源、提高积极性。按照这种解释,个人享有的所有权的各项权能越完整、排他性越高,则个人有效利用资源的动力越大,所有权制度也更能发挥作用。[④] 但是波斯纳仍然承认财产权的排他性并非绝对,而是相对的。财产权的行使必须受到一定的限制。

1. 外部性理论

外部性亦称“外部成本”“外部效应”或“溢出效应”,可分为外部正效应和外部负效应。外部性的出现是导致市场这只“看不见的手”充分发挥作用的重要因素。[⑤] 如果某个个体从事的经济活动能够为群体中其他成员带来好处,而进行该项活动的个体本身却不能因此得到相应的足够的

---

① [美]伯纳德·施瓦茨:《美国法律史》,王军等译,法律出版社2011年版,第236页。

② 《孟子·梁惠王上》。

③ 参见金俭:《不动产财产权自由与限制研究》,法律出版社2007年版,第114页。

④ 参见彭汉英:《财产法的经济分析》,中国人民大学出版社2000年版,第62～67页。

⑤ 参见彭汉英:《财产法的经济分析》,中国人民大学出版社2000年版,第84页。

补偿，那么驱使个体作出这项活动所能为他带来的利益就小于他为外部群体带来的利益，这种情况就是“外部正效应”。反之，如果一个人所从事的经济活动对社会上其他人造成了损害，但是个体本身却并未因此而付出足够抵消或弥补这种损害的成本，即个体付出的成本小于社会上其他成员共同付出的成本，这种情况就被称为“外部负效应”。在经济学中，外部性是导致市场失灵的一个重要原因，从而使市场机制不能实现帕累托最优。[①] “如果不存在外部性，那么边际私人收益或成本等于边际社会收益或成本。但是，如果存在外部收益或外部成本，那么私人收益和社会收益或私人成本和社会成本之间就不相等了。这种差异表明，为了有效使用资源，就需要政府活动。”[②]绝对自由的市场竞争和不加限制的所有权行使，很有可能引发诸如权利滥用、恶性竞争、资源浪费、环境污染等外部不经济现象。因此，政府通过立法和政策对所有权行使进行干预和限制，是为了解决外部不经济引发的市场失灵，进而影响财产的充分、合理使用。这也是所有权的行使应当受到限制的经济学原因。

根据外部性理论，要解决外部不经济现象，无非是采取两种途径：一是提高私人成本，二是降低外部成本。例如，针对水污染企业，一方面可以通过征税的方式提高企业的内部成本；另一方面可以要求其采取减轻污染的技术，并向受影响的群体进行赔偿，以降低外部成本。针对外部经济的企业，可以采取发放补贴的形式以达到私人利益与社会利益相等。[③]总之，只要政府能够采取政策或措施，从而使得私人成本与相应社会成

---

① “帕累托最优”是福利经济学中的概念，它所阐述的是一种既定的资源配置状态，在这种状态下无论作出任何改变，都不会产生任意个人获利而他人完全不受损的情况。（参见高鸿业：《西方经济学》上册，中国经济出版社 1996 年版，第 379 页）

② [美]夏普、雷吉斯特、格里米斯：《社会问题经济学》，郭庆旺等译，中国人民大学出版社 2000 年版，第 336 页。

③ 参见彭汉英：《财产法的经济分析》，中国人民大学出版社 2000 年版，第 82～88 页。这种观点是以 A. 庇古为代表的福利经济学观点，认为应当对负外部效应征税。但是经济分析法学家（例如科斯和波斯纳）则反对这一点，认为税收也是一种损害，尽管只是针对引起侵害的那方，但是减少了其再生产的资本。而且，除非将税收收益支付给受侵害的人，否则其补偿效应并不理想。如果直接对受侵害的人进行补偿，可能会导致居民拒绝通过搬迁或采取其他的补救措施来防止损害发生，人为增加私人成本，更加无法实现帕累托最优效应。

本、私人利益与相应社会利益能够处于等量状态，即外部效应“内部化”，资源配置和使用在理论上就可以实现帕累托最优状态。

2. 交易成本理论

科斯曾指出了所有权的重要性：“在零交易成本的条件下，法律权利的任何界定都是有效率的；在有交易成本的条件下，法律权利的初始界定就十分重要。”[①]之所以要建立所有权，就是为了在有交易成本的情况下，通过对法律权利的合理界定，促进更大效益的产生。在解决所有权冲突的方式上，科斯曾说：“人们一般将该问题视为甲给乙造成损害，因而所要决定的是如何制止甲。但这是错误的。我们正在分析的问题具有相互性，即避免对乙的损害，将会使甲遭到损害，必须决定的真正问题，是允许甲损害乙，还是允许乙损害甲？关键在于避免较严重的损害……问题的关键在于衡量消除有害效果的收益与允许这些效果继续下去的收益。”[②]因此，当所有权出现冲突时，科斯倾向于对双方的收益与损失进行权衡与取舍。如果甲对乙的损害行为为甲带来的收益大于乙因此受到的损失，则社会总收益就是增加的；从效益原则来看，这种行为就不应当被禁止。换言之，此时乙应当容忍来自甲的损害。

根据科斯的交易成本理论，法律体系的目标之一就是建立清晰的权利边界，权利的界限是市场交易的基本前提。明确和清晰的权利可以避免权利交易过程中的不确定性，降低交易成本。而权利的边界正是通过权利限制实现的。[③] 波斯纳发展了科斯的理论。他认为，有效的所有权制度应当包括三个特性：普遍性、排他性和可转让性。不过波斯纳同时承认，事实上在现实中不可能存在能够绝对排他的所有权。多数情况下，通过市场自由交易所达成的资源配置通常就是接近最佳状态的，但是如果存在某一个领域的私人交易成本过高，则政府为抵消市场配置的负面作用而对这一领域进行强制性的干预就获得了正当性。例如，法律赋予政

① 转引自彭汉英：《财产法的经济分析》，中国人民大学出版社 2000 年版，第 67 页。

② [英]科斯：《社会成本问题》，科斯、阿尔钦、诺斯等编：《财产权利与制度变迁：产权学派与新制度学派译文集》，刘守英等译，三联书店、上海人民出版社 2004 年版，第 4～32 页。

③ 参见陈舜：《权利及其维护：一种交易成本观点》，中国政法大学出版社 1999 年版，第 56 页。

府征收权，一定条件下将土地或房屋权利的自由交换变成强制获取，目的就是为了克服自愿交易可能出现的趁机抬高交易价格、增加交易成本的问题。交易成本过高会导致社会福利的减少，阻碍社会经济发展甚至造成社会中成员应享有权利的贬损。尽管征收行为显然是对土地或房屋所有权人的明确限制，但是由于它可以显著降低交易成本，提高资源利用效率，从而增加社会整体利益，因此征收行为才获得了正当性并且受到现代国家的接受。[①]

科斯和波斯纳对于所有权为何受到限制以及出现所有权冲突时的解决方法，始终贯穿着经济学的效率最大化原则，这样做导致的结果是否公平并不在经济学的考虑范围之内。尽管这样的观点似乎有些不近人情，限制弱者的诉求，但是在资源稀缺的世界，他们的观点仍然为我们提供了一个考虑所有权限制时的重要视角。

（二）所有权限制的法理学基础

1. 个人利益与社会利益的冲突与平衡

现代社会在对近代“私有财产神圣不可侵犯”这一观念所带来的后果进行检讨和反思后，对社会公共利益的日益重视使权利哲学和立法的价值取向由个人本位逐渐过渡为社会本位，不再执着于个人权利的绝对自由，而是转为更加追求社会公平和社会整体利益。耶林在他的《法律：实现目的的手段》一文中说，没有什么绝对财产，不存在着可以不考虑公共利益的私的所有权。所有权人在行使所有权时，必须合于国家社会的公共利益。社会基于公共利益，可以限制或剥夺个人的所有权。[②] 个人利益应当同时受到私法和公法的双重保护，但是人不仅以个体的形式存在于世界上，同时还是社会共同体中的一个成员，因此法律的目的不仅在于保护私人的利益，更在于维持正常的社会生活秩序。所以，为实现这一目的，必然要对私权在合理限度内进行限制。这不仅是划定个体与个体之

① 参见[美]波斯纳：《法律的经济分析》，蒋兆康译，中国大百科全书出版社 1997 年版，第 42～65 页。

② 参见金俭：《不动产财产权自由与限制研究》，法律出版社 2007 年版，第 118 页。

间的权利边界,更要求每个个体都为了社会公共利益的实现而出让一部分权利。所有权人在能够充分享有和行使权利的同时,尽可能地实现和促进社会共同体的利益。

在这个问题上,狄骥同样不赞成所有权绝对和个人主义的法律观。他认为,人生来就是社会的一个成员,只能在社会中生活,并且由于这个原因,人们必须服从一切维持和发展集体生活的义务。[①] 狄骥认为,权利表明了一种法律地位,权利人可以因此要求国家提供保护,但是与此同时,他也必须完成法律赋予的社会职能与义务。针对私有财产,他说:"因为每个人在社会内都占有一个位置,所以都应该在社会内完成一个相当的职务。只有他能够增加一般的财富,只有他能够利用所持有的资本以满足大众的需要。所以他应该为社会完成这种事业,并且他只于完成这种事业与在所完成的限度内受到社会的保护。所有权不复为所有主的主观法权了,而为持有财物者的社会职务。"[②]如果说耶林将所有权视为既是权利又是义务,那么狄骥显然走得更远:所有权实际上就是义务,而不具有自由意义上的权利的功能了。他的学说走向了极端的社会本位立场。

美国学者庞德的社会控制学说认为,法律的作用在于确定、承认和保障各种利益以求达到社会控制。他认为,法律"通过社会控制的方式而不断扩大对人的需求、需要和欲望进行承认和满足;对社会利益进行日益广泛和有效的保护;更彻底和更有效地杜绝浪费并防止人们在享受生活时发生冲突"[③]。庞德按照利益的层次将利益分成三类:个人利益、公共利益和社会利益。他认为,在不同的时期,法律应当优先考虑的利益也是不同的,"尽可能保障所有的社会利益并维持这些利益之间的与保障所有这

① 参见[法]狄骥:《宪法论》第1卷,钱克新译,商务印书馆1962年版,第153页。

② [法]狄骥:《〈拿破仑法典〉以来私法的普通变迁》,徐砥平译,中国政法大学出版社2003年版,第2页。

③ [美]埃德加·博登海默:《法理学:法律哲学与法律方法》,邓正来译,中国政法大学出版社1999年版,第147页。

些利益相一致的某种平衡或协调"[①]。庞德从社会利益的角度赞成对所有权和契约自由的限制。"法律所应当保障的乃是满足所有者在财产权方面可以被一般化且被归入某些社会利益的欲求或主张,尤其是满足那些与邻人相同主张相符合的因而可以被认为是合理的主张。"[②]

2. 私权之间的冲突与平衡

在人类历史上之所以会产生"所有"的观念和随之而来的"所有权"概念,其根本原因是因为资源的稀缺性。如果自然资源足够丰富到每个人都可以充分享有,也就没有必要去设置所有权,为"你的""我的"和"他的"财产划定边界。汉斯-赫尔曼·霍佩在他的《私有财产伦理学和经济学》一文开篇这样说道:"当鲁滨逊·克鲁索独自一人在荒岛上,他可以做任何自己想做的事。对于他来说,有秩序的人类行为的准则问题(即社会协作)根本不会存在。这个问题只有当第二个人——星期五,到达这个岛上的时候才会出现。但是即使到那个时候,只要不存在资源短缺,这个问题在很大程度上仍然无关紧要。假设这个荒岛是伊甸园,所有的身外之物都非常丰富,它们都是'自由物',正如我们呼吸的空气一样。无论克鲁索如何使用这些物,他的行为既不会对他自己日后享用这一物品造成不良影响,也不会有害于星期五现在或将来对这一物品的享用(反之亦然)。因此,针对这些物的使用,克鲁索和星期五之间不可能产生冲突。只有出现物的稀缺,冲突才有可能出现。只有那时,才有建立秩序——没有冲突的有秩序的社会协作的需要。"[③]在人类社会中,如同鲁滨逊这样的例子几乎是不可能出现的,利益的冲突可能是人类社会的永恒现象。所有权的出现就是人们为这种利益冲突而建立的秩序:通过限制自身权利,实现社会协作,达到保护自己的目的。而法律的出现就是通过设定权利和义务的方式,解决个体之间的利益冲突。

---

① [美]埃德加·博登海默:《法理学:法律哲学与法律方法》,邓正来译,中国政法大学出版社1999年版,第148页。

② [美]罗斯科·庞德:《法理学》第1卷,邓正来译,中国政法大学出版社2004年版,第447页。

③ H-H. Hoppe, "The Ethics and Economics of Private Property," in E. Colobatto (ed.), *The Elgar Companion to the Economics of Private Property*. London: Edward Elgar, 2004.

一个理想的权利秩序或许应该是个体之间多种权利并存，并且互不冲突，和谐并存。正如有学者指出的，权利之间存在冲突其实是一个伪命题，“大家忽略了任何权利都有自己的特定边界（范围），只要人们找到边界，不越雷池一步，根本就不会发生所谓的权利冲突。这种边界，有的被立法者明确标出；有的因为立法粗糙而被疏漏需要去解释；有的被法理统摄；有的被公序良俗昭示。守望权利边界，即可避免权利冲突”[①]。但是在现实世界中，对权利作出如此清晰的界限划分是不可能的。人们并不是孤立地在世界上生存，而是生活在人与人的关系交织而成的社会中，权利的边界实际上是模糊的，存在不同个体之间的权利交叉的情况。只要一个人的某项权利的实现有赖于他人的配合，那么就有可能出现个体权利之间的冲突，因为权利的平衡中不可避免地会出现某一方甚至双方的权利受到限制的情形。

权利冲突现象的存在，说明了法律本身具有局限性。目前看来，解决方法主要是通过两种途径：一是通过立法尽量明确权利的边界，或对权利施加必要限制；二是在司法中运用利益衡平的方法，综合考虑多种因素解决冲突。针对所有权而言，法律对所有权的限制，尤其是私法对所有权设置的限制，充分体现了法律试图建立起的互相协作的权利秩序。例如，在相邻关系中，为了相邻房屋的采光权，房屋所有人在进行建筑时必须对房屋的高度有所控制，而相邻房屋的所有权人则可能必须要容忍对方的房屋对自己造成的合理限度内的妨碍。这就是两种权利在有可能出现冲突的情况下，根据法律设置的限制，互相作出妥协以达成平衡状态。

通过所有权的私法限制，主要可以解决个体所有权之间的冲突（例如通过有关相邻关系的立法）以及所有权与人身方面权利的冲突（例如有关紧急避险的规定），兼顾与平衡各方利益，实现对所有权的有效控制。

3. 私权利与公权力的冲突与平衡

私权利与公权力之间的冲突，实际上也是权利冲突的一种[②]，只是这

---

① 郝铁川：《权利冲突：一个不成为问题的问题》，《法学》2004 年第 9 期。

② 参见郭明瑞：《权利冲突的研究现状、基本类型与处理原则》，《法学论坛》2006 年第 1 期。

种冲突发生在不同性质的权利之间，因为公权力本身也可以被解释为一种权利："公权就是人们在政治领域和社会公共事务方面的权利，私权即人们在经济领域和社会公共事务方面的权利。"[①]而政府公权力的运行，在很大程度上体现了人民的公权。私权与公权其实具有内在统一性，但是表现出对立的外化形式，因为它们代表利益的不同方面。在任何国家，公权力和私权利的冲突都难以避免。郭明瑞先生认为，权利冲突的研究重点正是在于公权力与私权利的冲突，因为这对于法治秩序具有基础意义，也体现了宪政体制的开明与弹性。[②]

私权利与公权力之间的关系通常与当时的价值观相联系。在西方国家，近两个世纪以来私有财产权都是作为公权力与私权利划分的界限。近代私法以私权为线索，为个体营造自由领域，并与公权力对抗。财产权划定了个人自由与政府权力的合法范围的界限。按照自由主义的观点，私法是所有法律的核心，公法只是一个狭义的保护性框架，用于保护私权，尤其是私有财产。[③] 这样的观点在社会契约论中也同样有所体现：人们缔结契约，将自己生而具有的某些自然权利毫无保留地让渡给政府，政府就有义务保护人们所享有的权利；私权利是公权力产生的基础，公权力来自于私权利的让渡。这样的思想奠定了西方近代公权与私权关系的基础。

尽管公权来自于私权，但是二者追求的价值目标并不完全相同。私权所追求的当然是自身利益的最大化，而公权力则不然。既然公权力来自于所有人私权利的让渡，那么它当然应该致力于绝大多数私权的实现，而非个别人权利的最大化。不可否认，过分强调私权自治和私权的过度膨胀在现代社会中对于社会公共利益是十分有害的。因此各国政府倾向于加强对经济的干预和对私权的限制，国家也逐渐从被动的权利看护者——"守夜人"的角色转变为积极主动地采取措施促进权利实现。国家和政府实现这一职能的方法就是借用公法调控机制介入私权自治领域。

① 张文显：《二十世纪西方法哲学思潮研究》，法律出版社 2006 年版，第 515 页。

② 参见郭明瑞：《权利冲突的研究现状、基本类型与处理原则》，《法学论坛》2006 年第 1 期。

③ 参见[德]G. 拉德布鲁赫：《法哲学》，王朴译，法律出版社 2006 年版，第 128 页。

出于公益的目的，通过公权力对私权利的合理限制，事实上有助于多数人私权的实现，最终扩大私权。因此，公法中对以所有权为代表的私权的限制，表面上是私权在公权面前作出了妥协，实际上仍然是在寻求一种少数人权利和多数人权利的平衡。

（三）所有权限制的正当性基础

所有权限制的正当性基础是所有权的社会义务与国家警察权。[①] 前者是德国法上的概念，后者则来自于美国法，两个概念的本质是相同的，都意在解释所有权为何要受到限制，只是关注的侧重点不同：所有权的社会义务从所有权人的角度关注所有权被动承受的社会义务，后者则从国家的角度，关注国家的主动性权力。

1. 所有权的社会义务

所有权的社会义务，或称“所有权社会化”，是相对于绝对所有权而言的。绝对财产权亦即财产权绝对性，包括财产权的绝对不可侵性、绝对自由性和绝对优越性。但是就立法本身而言，所有权从来都不是绝对的：从古代罗马法、近代民法直至现代民法，法律对所有权的规定永远伴随着但书条款，所有权人也永远不可能毫无限制地、随心所欲地行使权利。即使是被认为确认了近代“所有权绝对”原则的《法国民法典》也规定：“所有权是最绝对地享有和处分物的权利，但法律或条例禁止的使用除外。”“所有权绝对”的观念实际上只存在于理论中而非法律文本中，但是在19世纪，由于自由意志理论的支配，所有权绝对的思想确实在很大程度上影响了美国的司法实践。[②] 在大多数国家，所有权的行使自始至终都受到法律限制，尤其是20世纪中期以后，所有权合理使用的观念已经逐渐取代了所有权绝对的观念。

将“所有权的社会义务”在基本法律中确立下来的首推德国。1919年，德国《魏玛宪法》第153条第2款和1949年德国《基本法》第14条第

① “police power”，在财产法领域有特定含义，与通常理解的警察治安权等并不相同。

② 参见[美]伯纳德·施瓦茨：《美国法律史》，王军等译，中国政法大学出版1989年版，第133～138页。

2 款，都对所有权的社会义务作出了规定："财产权负有义务。财产权之行使应同时有益于公共福祉。"德国联邦宪法法院则说，在这样的规定之下，"所有权的内容比以前狭窄的多了"[①]。

德国《基本法》规定的财产权社会性的条款，是"社会国"原则的实践。大卫・卡瑞(David Currie)在《所有权社会义务的宪法化：以德国为例》一文中指出："社会国原则反映了一种日益增长的确信：国家只是保护公民免受他人的侵害或者保护个人免受国家的侵害已经变得并不足够，国家还应当积极行动起来，以增进公共福祉。"[②]基于社会国原则，国家不仅有积极作为的权力，亦有积极作为的职责。因此，所有权负有怎样的社会义务，受有怎样的限制，其限度和范围何在，都是立法者应当通过立法予以确定的。

虽然从理论上来说，所有权是先于国家且超越国家而存在的基本权利，但是所有权毕竟不能离开国家的保护而存续。按照社会契约的理论，人们建立国家的原因之一也是追求对自身财产的保护。所谓不依赖于国家和法律而存在的财产权只在理论上存在。从历史的角度来看，近代"所有权绝对"的观念实际上与近现代社会转型、封建主义向资本主义过渡、个人权利意识觉醒相关联，因此所有权绝对观念在政治上具有积极的意义。但是在法律层面，财产权本身带有个人与社会的两面性，个人利益从来都是要与社会利益共生并存的。所以，作为一种法律权利的所有权，必然要求"个人利益"与"社会利益"的对立统一，所有权负有维护和增进公共利益的义务是财产权固有的本质内涵。也正是因为如此，所有权在法律文本中表现出来的从来都不是一种不受限制的绝对性权利，而是一种具有其权利运行边界的相对性权利。实际上，没有任何界限的绝对性权利在法律世界中是不可能存在的，即使是人的生命权和身体权，也要以他人的相关权利范围作为自己运行的边界。所有权的社会义务在 20 世纪

---

① [德]卡尔・拉伦茨：《德国民法通论》上册，王晓晔等译，法律出版社 2004 年版，第 85 页。

② D. Currie, "Constitutionalizing the Social Obligation of Ownership: The German Example," in G. S. Alexander (ed.), *The Global Debate over Constitutional Property: Lessons for American Takings Jurisprudence*. Chicago: University of Chicago Press, 2006: 97-148.

中期被各国所广泛接受，是与当时国家职能转变密切相关的。国家职能由消极的“守夜人国家”向积极的“福利国家”转变，正是呼应了经济和社会发展的要求，以国家权力为主导，促进公共利益和社会公平。在这样的国家职能引导下，权利的公益性和社会性的一面必然被强调，德国宪法中出现“财产权应为促进公共福祉而负有义务”也就顺理成章了。大卫·卡瑞教授则说：“德国宪法上所有权社会化条款所正当化的所有权限制，远比不得对他人造成积极侵害的规则要来得更广。”①

2. 国家警察权

“警察权”是美国宪法学中的一个概念，但是在美国的宪法文件中并没有这个词。爱泼斯坦认为，警察权作为一种国家权力，隐含于联邦宪法的精神之中：“警察权对代议制政府而言并不会构成任何威胁。如果说个人在反对其邻人的侵犯时可以合法地使用暴力自卫，那么当政府代表这些人采取行动时亦应如此。因此，不论对于不成文宪法条款必要含义的解释标准多么严苛，都应当能从联邦宪法中解释出国家的警察权。”②

针对警察权的含义，目前在美国并没有统一的认识。《布莱克法律词典》通过以下三个方面对其加以界定：第一，警察权是一个主权国家为了维护公共安全、秩序、健康、美德、正义而制定必要且正当之法律的固有和绝对的权力，它对政府而言是一种必要权力，而且立法者不能使政府失去这一权力。第二，警察权是在遵循正当程序和其他限制的前提下，政府为维护公共健康、安全和一般福利而制定和执行法律的权力，这一权力由州政府行使，或是州政府将其授权给地方政府行使。第三，警察权就是政府对私有财产权的行使予以干涉的权力。③ 事实上，只要是出于促进公共利益或者阻止公共损害的需要，政府可以启动警察权对私人权利作出合

---

① D. Currie, “Constitutionalizing the Social Obligation of Ownership: The German Example.” in G. S. Alexander (ed.), *The Global Debate over Constitutional Property: Lessons for American Takings Jurisprudence*. Chicago: University of Chicago Press, 2006: 97-148.

② R. A. Epstein, *Takings: Private Property and the Power of Eminent Domain*. Cambridge: Harvard University Press, 1985: 108.

③ B. A. Garner, *Black's Law Dictionary* (9th Edition). St Paul: Thomson Reutoers, 2009: 1276.

理的限制。立法者被赋予了较大的权力，不仅可以决定公共利益需要什么，还可以决定为了满足这种公共需要，应当采取什么措施。因此，或许可以对美国宪法中的“警察权”作出这样的理解：政府基于公共福祉的目的，采取合理的立法或行政手段，通过法律规定的程序对公民的私有财产权作出合理限制的权力。政府警察权的正当行使受到“目的公益性”和“手段合理性”两方面的要求[①]，否则对公民私有财产作出的限制就不能称为合理合法，并且可能构成违宪。因此，洛克所持有的政府理论可能就是支持警察权存在的最好解释。人们之所以选择脱离可能意味着绝对自由的自然状态，选择互相退让并结为群体的唯一目的就在于免于遭受来自其他个体的侵害，从而获得安全并充分享有自由。赋予国家以警察权，其目的也正是在于主动地维护并实现这种目的，因此在此意义上国家警察权获得了正当性的基础。以此为前提，国家基于警察权而对所有权的行使作出限制也就具有了合宪性。

三、现代所有权立法的功能定位

（一）保障所有权人享有自由的空间及个人发展的可能

所有权（或者在理论上通常采用的具有更广范畴的私有财产权）与个体自由之间有着内在的关联性。自由从来都不是可以脱离物质基础存在的，在现实社会中它必然具有经济成分。所有权人能够以自己的意思使用和处分所有物正是自由生活的重要环节。私有财产是人类得以自我发展的重要物质条件，而财产也为个体构建了自由的领域。正是由于私有财产对人类自由的重要意义，财产权被认为是不可侵犯及不得让与的权利，在许多国家都受到了宪法层面甚至人权层面的保护。对私有财产的保护，所追求的目的正是保障权利人享有基本生存空间以及作为人所应当享有的自由生活。而私法中的“自己责任”也正是建立在私有财产的基础之上。

① 参见房绍坤、王洪平：《公益征收法研究》，中国人民大学出版社 2011 年版，第 31 页。

(二)保障所有权人的合理预期

所有权人预期反映的是主体对所有权制度的信赖,是预测特定结果能够伴随其行为产生的一种心态。而所有权本身正是给了所有权人一系列的预期。所有权人当然认为自己按照规范的要求行使权利,必然能够获得受到法律肯定与保护的积极后果,而所有权立法也正是要保障这种预期能够实现。如果所有权立法不能实现这样的结果,则会打破所有权人对制度的信赖,其结果可能会使整个所有权制度不稳固甚至畸形发展。对所有权的完善保护将有利于权利人形成合理与稳定的法律预期,善用财产,避免不当利用。

(三)排除外力的不当侵害

在本书的语境下,所有权保障更应当关注的是排除来自于公权力的不当侵害,这也是将私有财产权写入宪法、作为基本权利进行保护的重大意义之所在。作为基本权利,财产权就以国家为义务主体产生了两方面的权能:一是防御权,对应国家的不得侵犯的消极义务;二是受益权,对应国家促进权利实现的积极义务。而其中针对公权力的防御权处于基本权利功能的核心。[①] 来自公权力的侵害可能是不法侵害,也可能是具有法律依据的合法侵害,因此在判断与救济方面必须作出区分。而在两种侵害中,合法侵害通常都以公共利益为目的,具有表面上的合理性与正当性,对权利造成的侵害不容易为权利人所察觉,因此更具有隐蔽性。

四、现代所有权立法的价值取向:公益与私益平衡

每一个享有权利的人都希望权利的最大化,从而可以为自己带来最大的利益。但是在一个人们相互存在紧密联系的社会中,权利的绝对自由行使必然会出现不同主体的权利以及主体利益与社会利益之间的冲突。在一个奉行私权至上的法律体系内,这样的冲突将是难以协调的。但是对于权利,当然不能施加绝对的限制,否则根本不能称之为“权利”。

---

① 参见张翔:《基本权利的双重性质》,《法学研究》2005 年第 3 期。

在无限自由与绝对限制之间的缓冲地带,正是现代国家为权利设置限制的空间。如果对权利设置的限制偏向绝对限制,那么自由和权利会受损;如果偏向于完全自由,则可能导致对他人乃至社会利益的负面影响;如何在自由与限制之间达致平衡,能够使权利人可以正常、充分地行使权利,又能够兼顾他人和社会的利益,就是法律在为权利设置限制时要实现的目标。针对所有权限制而言,在立法中就必须坚持有限自由与适度限制的原则[①],在充分保护权利人的所有权的前提下,兼顾利益平衡。

(一)所有权限制的立法选择:自由是原则,限制是例外

从所有权进入法律的视野时起,它的存在就一直伴随着或多或少的限制。即使是在近代首先确立"绝对所有权"的法国民法典中,也对它作出了不得滥用的限制。不论这些限制是出于对他人权利的尊重还是对所有权社会义务的认识,现在看来对所有权施以限制是必需的。但是所有权自由仍然应当是所有权立法时应坚持的首要原则。对所有权限制的目的通常是为了弥补市场失灵和所有权自由可能引发的问题,因此对其进行限制应当视为例外。[②]

首先,法律设置所有权的目的要求所有权立法以自由为原则。法律赋予个人以私有财产,承认他们的所有权,目的在于激发人们创造生产的积极性,实现资源利用价值的最大化。这必然要求所有权人能够自由支配自己拥有的东西,并且可以安全地保有自己劳动的产出。如果立法不能给主体以这样的信心和保障,所有权人就会减少和丧失投资和生产的热情,并将导致社会财富无法增加,社会公共利益也更加无从实现。最终不仅无法实现法律设置所有权的目的,还会与立法的目的背道而驰。

其次,以所有权为核心的私有财产权对人的重要意义要求所有权立法应当以自由为原则。生命、自由和财产是自启蒙时期以来诸多学者主张的人所应享有的三大自然权利,而这种观念也引导了近现代各国立法的基本价值取向。所有权对于人们生命权和自由权的享有都有着深刻的

---

① 参见金俭:《论不动产有限自由与适度限制的模式与原则》,《河北法学》2009 年第 2 期。

② 参见谢哲胜:《不动产财产权的自由与限制》,《中国法学》2006 年第 3 期。

意义。所有权首先为生命权提供了物质基础，如果人不能自由占有和支配自己的劳动成果，维持生命将是一件很难的事。对于更具有社会性意义的自由权而言，所有权和私有财产的存在能够帮助人们扩大自由的范围。约翰·亚当斯就曾经说，必须对财产加以保护，否则自由就没有存在的可能。[①] 可见，“生命权构成人作为生物体存在的基础，自由权构成人作为独立的人格体存在的基础，而财产权则构成生命权、自由权发挥作用的物质基础和条件”[②]。离开了私有财产的基础，人的自由和尊严可能会成为泡影。因此，所有权立法必须坚持以保障所有权自由为原则。

再次，所有权立法以限制为例外是由法律限制所有权的目的决定的。法律之所以对所有权作出限制，原因在于所有权的绝对自由会带来一系列的问题，有悖于所有权的设置目的。由于物的稀缺性以及人们对财富的欲望，无限制的自由只能意味着无人能享有真正的所有权。因此，法律设置所有权限制只是为了促进社会福利的最大化，避免所有权自由运行带来的弊端。“只有在财产权自由的不完美处，即财产权自由无法达到福祉最大，才有思考限制与否的空间；在财产权自由的不完美处，也不当然有必要限制，只有认定限制所带来的福祉高于限制的成本，才有限制的必要。”[③]

最后，法律对所有权作出限制必须考虑限制的成本。为所有权设置限制，不仅会产生制度成本，更重要的是会产生效率成本。所有权限制的相关制度成本在于它需要依赖警察、法庭、行政机关等公共机制的运行，而这都会增加公共财政的支出。另外，法律为促进公平而对所有权作出限制是以牺牲效率为代价的，这就是所有权限制的效率成本。所有权自由能够赋予人们运用财产创造更大财富的积极性，从而获得更大的自由和尊严，实现自己的价值。因此，对所有权的行使加以限制，权利人行使权利的成本将会增加，则效率将会降低。“基于公平而限制财产权，会使

① 参见[美]伯纳德·施瓦茨：《美国法律史》，王军等译，中国政法大学出版 2011 年版，第 236 页。

② 胡锦光、王楷：《财产权与生命权关系之嬗变》，《法学家》2004 年第 4 期。

③ 谢哲胜：《不动产财产权的自由与限制》，《中国法学》2006 年第 3 期。

遭受不利的一方减少或丧失投资于不动产财产权的诱因……即造成生产诱因减低,财货和服务的生产量也将减少,社会福祉也将减少。"①

(二)所有权限制的立法原则

1. 合法限制原则

对所有权进行限制,必须遵循合法限制的原则,即这些限制必须是在不违反上位法的前提下,由法律加以规定,并且要遵循正当的法律程序才能设置的。这一原则主要是为了防止公权力的滥用,为私权设置过多的障碍。

第一,所有权的限制性规定必须通过合宪性审查。作为公民财产权的核心内容,所有权受到宪法的保护。财产自由同公民其他的宪法基本权利一样,其行使都可以受到国家的适当干预。一般来说,宪法通常会肯定基于社会公共利益或者公共秩序的需要对公民享有的财产权施加必要的限制。例如,法国1791年《宪法》开篇《人权宣言》中,对公民财产权的行使两次作出限制性规定。第4条规定:"个人的自然权利的行使,只以保证社会上其他成员能享有同样权利为限制。此等限制仅得由法律规定之。"第17条又专门针对财产权规定:"除非当合法认定的公共需要所显然必需时,且在公平而预先赔偿的条件下,任何人的财产不得受到剥夺。"德国联邦基本法和日本宪法中也有类似的规定。目前看来,各国宪法作出这类明文规定,除使得各专门法律中对所有权的限制有了基本法依据之外,更重要的功能仍然在于保障财产的自由。如果对自由的限制幅度过大,很可能使公民享有的权利化为乌有。因此,宪法要确保法律对公民财产权利行使的必要限制控制在有限和适度的范围内。从许多国家的实践来看,宪法审查制度是保证国家有限和适度干预的控制机制,享有违宪审查权的机构通常从以下四个方面判断法律对所有权限制是否正当:一是有公共利益的存在;二是设置该限制须是为了促进公共利益;三是为了促进公共利益对权利设置限制是为必须;四是权利的限制须由法律加以

① 谢哲胜:《不动产财产权的自由与限制》,《中国法学》2006年第3期。

规定。[①] 例如,德国联邦宪法法院在对一份限制公民权利自由的规范性文件进行合宪性审查时,首先关注该法律是否在形式上或内容上有任何违反宪法个别规定和一般性的宪法原则,或是超出了宪法的授权;在对法律文件进行抽象合宪性审查之后,法院还要关注该规范是否以合宪的方式适用于个案,即法律采取的限制性手段是否恰当和合乎宪法的要求。[②] 所有权是财产权的核心内容,更是公民基本权利的重要部分,对所有权进行限制的立法文件必须要接受宪法审查的限制。

第二,对所有权加以限制必须由法律根据宪法的限制原则和授权予以规定。权利的限制对于权利所有者来说当然并不令人愉快,以所有权为代表的财产权是人们拥有的最为重要的权利之一,对它的限制只能由法律进行,任何其他形式都是不正当的,都可能导致权利的贬损。[③] 同时,对私有财产进行限制的程序也必须由法律明确规定。这是因为国家权力的介入可能会导致"所有权的残缺"(the truncation of ownership)。[④] 国家权力是由人来行使的,这使国家不可避免地带有了自利的倾向。权力天然具有自我膨胀的特点,不加限制的权力必然导致对私权的侵蚀。因此,对国家管理社会的权力必须加以限制,体现在所有权立法上,就是要求对所有权自由进行的限制都必须由法律规定。1946 年公布的《日本宪法》第 29 条规定:"财产权的内容应当符合公共福祉,并以法律加以规定。"《德国基本法》第 14 条第 1 款规定:"财产权及继承权应予保障,其内容与限制由法律规定之。"

第三,合法限制原则不仅要求对所有权的限制必须由法律作出规定,还要求法律对限制作出具体和确定的规定,并且是依法律规定的程序进行。如果没有法律的明确授权,任何个人、机构或行政机关采取的限制私

① 参见李累、余平:《经济活动的自由与财产权》,《学术研究》2004 年第 10 期。

② 参见[德]克劳斯·施莱希、斯特凡·科里奥特:《德国联邦宪法法院:地位、程序与裁判》,刘飞译,法律出版社 2007 年版,第 284~329 页。

③ 参见莫纪宏:《论私有财产限制的方式及标准》,张庆福主编:《宪政论丛》第 4 卷,法律出版社 2004 年版,第 641 页。

④ 参见[美]道格拉斯·诺斯、罗伯特·托马斯:《西方世界的兴起》,厉以平、蔡磊译,华夏出版社 1973 年版,第 53 页。

有财产的措施都是违法的,应当予以禁止。如果没有宪法的授权和具体明确的法律规定,所有权的行使就应当是自由的,应当受到完全的尊重和保护。

2. 合理限制原则

所谓合理限制,就是要求对所有权的限制需要控制在一个适当的、使所有权人能够接受的范围内,而不至于使所有权由于限制过大而丧失殆尽。根据社会契约的理论,既然人民将执政者推选出来,赋予他们社会管理的权力,那么由执行立法权的部门制定的法律应当天然具有合理性,是人民意志的反映。甚至有保守派认为,即使是不符合道德要求的法律,也应当去执行它,否则就会削弱社会对法律的尊重,反而会对社会造成损失。[①] 但是这种观点忽略了法律的基础在于权利。人们出于尊重权利的需要才尊重法律,因此,如果法律对所有权规定的限制超出了人们可以接受的程度,要求人们必须自觉遵守这些规定也是不现实的。

合理性的标准当然是很难量化的,尤其是当立场不同时,对合理性的理解也不一样,或者法律文件本身的规定可能是合理的,但是在个案中应用时却导致了不合理的情况出现。例如,我国政府为了调控过热的房地产市场,规定房屋在购买后五年内出售必须缴纳营业税和个人所得税,这使出售人的财产由于政府的法令而明显受到限制,但是并不能获得任何补偿。从出售者的角度来看或许并不公平,但是从购房人乃至整个社会来看,这项措施有效地遏制了投资炒房导致的房地产市场过热、哄抬房价的行为,对房地产市场的调控而言是十分必要并且有效的。尽管我们难以给出一个判断合理性的标准,但是仍有一些要素是可供参考的。首先是政府行为必须符合制定法律的出发点和目的,即主观上必须出于正当的动机,客观上要符合法律的目的。其次是政府进行所有权限制行为必须仅考虑相关因素,如果将不相关的因素也考虑在内,可能会违反合理性原则。最后是政府对所有权施加限制必须公正并且一视同仁,对相同情

① 参见[美]罗纳德·德沃金:《认真对待权利》,信春鹰、吴玉章译,三联书店2008年版,第258页。

况予以相同对待，同时要在个案中考虑情理的因素。[①] 最早对法律限制的合理性作出要求的是英国的判例法。1598 年的鲁克诉下水道管理委员会案中，下水道管理委员会的委员们为了整修河岸而向邻近土地的所有权人(而非所有受益人)摊派所需的费用。法院判决下水道管理委员会败诉。大法官科克说："尽管法律授权委员会自由裁量权以决定修护费用课征之对象及数额，但他们的活动应受限制并应遵守合理规则和法律原则……而不应按照他们自己的意愿和私人感情行事。"[②]"合理性原则已成为近年赋予行政法生命力最积极和最著名的理论之一……它在实体方面对行政法的贡献与公正原则在程序方面的贡献相同。"[③]

3. 比例原则

比例原则是德国行政法中的重要原则之一，在我国立法中并非作为法律原则出现，而是作为一种理论，在学界加以探讨研究。比例原则主要是针对行政权力的行使而言的，它要求行政机关在执行法律规定的针对所有权的限制措施时，其行为方式和手段应当与法律要实现的目的相一致。同时，它同样可以用于约束立法机关，既适用于公法领域，也适用于私法领域。[④] 它旨在维持公共利益与私权之间的公平衡量。当国家权力与公民权利之间存在冲突时，比例原则用于判断公权力的行使对权利的影响是否适度和可接受。比例原则最早由德国提倡，它排除了立法者和执法者在行使公权力时的随意性。

实际上，尽管我国行政法采用的是合理性原则，但比例原则和合理性原则均是关于控制政府权力运行的方式或"度"的理论或学说，因此两者在理念和功能上是类似的，但并不意味着没有区别。合理性原则尽管被我国的行政法吸纳为基本原则，但其实际上来源于英美法系国家，而比例原则起源于大陆法系国家，尤以德国为代表。比例原则通常包括三个方

---

① 参见罗豪才：《行政法学》，中国政法大学出版社 1999 年版，第 58 页。

② H. W. R. Wade, *Administrative Law*. Oxford: Oxford University Press, 1988: 396.

③ H. W. R. Wade, *Administrative Law*. Oxford: Oxford University Press, 1988: 398.

④ 这一原则在民法中通常体现为利益衡量，对所有权的限制须基于防止妨害他人权利，发展公共利益。对所有权的限制不得过度，在私人权利与公共利益之间应依利益衡量方式，设定合理限制。

面的要求、呈现递进式的逻辑关系:一是妥当性原则,要求一个权力的行使必须以达到法定之目的为目标,并且每一措施的采取都必须是为追求法定目的。二是必要性原则,抑或最小侵犯原则,要求公权力在实现上述妥当性之目的的时候,在多种手段和方式可供选择的情况下,国家所采取的须为对个人权利造成最小损害的手段。这一原则意在约束公权力机关在选择权利限制措施上的自由,可以视为对其自由裁量权的一种限制。三是狭义比例原则,要求权力行使的方式和手段不可给予公民超过立法所追求的目的之价值的侵害,即对个人权利的限制所造成的损害与社会因此所获得的利益之间应当均衡。① 对所有权采取的任何限制性措施,其追求并获得的利益,应当大于所有权人因该限制而遭受的损害。只有这些措施能够实现更大的社会利益,它们的存在才具有正当性。"比例原则对于控制国家权力行使目的的正当合理、手段与目的之间的适当链接、收益与成本之间的比例均衡都具有重要作用。"②

4. 利益平衡原则

利益平衡主要是针对公共利益与私人权利之间的衡量与倾向。通常来说,国家利用公权力对公民的私权加以限制是出于公共利益的考量。在现代国家,当社会利益与个体利益发生冲突时,社会利益总是优先于个人利益,而此时个人利益就相对显得弱小无助。"当统治者为了公共利益行使特权时,这些活动不管以何种方式看待,都被认为是正义的事。"③目前,各国法律普遍接受这样的理念,即公共利益优于私人利益,这充分体现了创立功利主义学说的边沁所倡导的"幸福最大化"对立法的影响。针对所有权的限制性立法,如果这项规定的收益之和大于由此规定产生的消耗,那么这项立法就是具有正当性并且符合人们要求的。④

尽管功利主义的观念在很多时候都是为社会谋求更大的福利,但是

---

① 参见何景春:《行政比例与合理性原则的比较研究》,《行政法学研究》2004 年第 2 期。

② 金俭:《不动产财产权自由与限制研究》,法律出版社 2007 年版,第 131 页。

③ 莫纪宏:《论私有财产限制的方式及标准》,张庆福主编:《宪政论丛》第 4 卷,法律出版社 2004 年,第 640 页。

④ J. Bentham, *An Introduction to the Principle of Morals and Legislation*. Kitchener: Batoche Books, 2000: 14-18.

它最明显的缺陷就在于忽视个体权利。对于纯粹的功利主义者而言，个体的意义只在于此：他的幸福应当与其他人的幸福累加在一起。在现代私权观念深入人心的情况下，这样的观点显然是令人难以接受的。因此，当法律为所有权或其他私权设置限制从而为公共利益退让时，立法者就不得不考虑如何在追求社会利益最大化的情况下，尽可能地实现社会利益与个人利益的平衡。而以下的措施也是通常用来实现这种利益平衡的：一是明确界定公共利益的范围；二是实现公共利益必须遵循严格的法律程序；三是考虑所获得的公共利益的大小是否值得被限制私权所作出的牺牲；四是一旦对私权的限制超出必要限度，要为受限制的权利主体提供救济机制，保障其获得救济和赔偿的权利。

在所有权的立法中，保障所有权自由应当作为始终的原则，而对所有权的限制只是例外情况。但是所有权限制的存在是常态化的，并且有越来越扩大的趋势。因此，在所有权的自由与限制之间求得平衡就是现代立法者必须追求的目标。私有财产是个人自由的保障，反映人的自由意志，但是所有权的行使必须符合公共利益，限制性规定的出现也是为了弥补所有权自由存在的不完美之处，并促进社会福利的最大化。为所有权设置法律限制必须受到多方面的约束，以避免公权力无节制地扩张，导致私权过度收缩。

第二节　公共利益的构造及界定

“公共利益”这一概念是确定私权自由领域以及如何合理划分公权与私权作用边界的关键。它指向的是一定范围内的不特定的多数人的共同利益，内容会随着不同群体的需求和社会的发展而变化，但通常体现为社会公共生活的各方面，例如公共安全、社会秩序、经济发展、城市规划、环境保护、社会保障等。但是无论公共利益以何种表现方式出现，它最终的目的仍然是保障公民充分享有个人的权利和自由。因此，从理论上来说，公共利益应当能够落实为社会中每一个不特定的主体都能享有的利益。

尽管目前从制度建设的角度来看，我国法律对私权的确认与保护已经有了长足的进步，理论上来说私权行使的空间也应当相应不断扩大，但是事实却并非如此乐观。因为不论私法领域对权利的规定多么完备，当私权面对公权力以及公权力所代表的“公共利益”时，天然地处于弱势。《世界人权宣言》第29条第2款对公权力介入私权领域的情况作出了如下的一般性描述：“每个人的权利和自由的行使，只受到由法律确定的限制，此限制的目的仅限于保证对其他人的权利和自由的应有的承认与尊重，以及满足民主社会对道德、公共秩序和一般福利的正当要求。”根据这条规定，私权受限制的情形和范围仅限于公共利益需要。公共利益向来是公法的核心内容之一，但它同时也是掌握在公权力手中、时刻高悬于私权之上的“达摩克利斯之剑”。在现实中，公共利益的实现多少都会伴随个人利益的让步与妥协。因此，如何正确界定公共利益以避免这把利剑成为随时可能侵蚀私权生存空间的存在，就是未来在保障权利的立法与实践中应当追求的。

一、“公共利益”概念的特点

法律是一门精密且严谨的科学，它追求明晰、确定和可预测，如此才能实现良好的社会秩序，才能期待人们能够遵循法律的要求。但是在现代国家的立法中却出现了“公共利益”这一十分不确定的概念，对这一概念的界定通常采取在立法中留白，留待法律的执行者在实践中判断公共利益存在与否。这种留白的处理反映了在公共利益的界定中存在的难以用法律条文解决的问题，而导致这种问题的就是“公共利益”这一法律概念的特点。

（一）“公共利益”概念的不确定性

严格地说，任何法律概念可能都会存有或多或少的不确定性，需要在理论和实践中不断进行明确，但是“公共利益”这一概念显然具有很高程度的不确定性，甚至难以给它一个有效的内涵和外延界定。究竟该如何理解“公共利益”，至今仍然存有争议。公共利益可以被理解为超越实在法的理想化的价值和规范，也可以被理解为某个群体或阶层所共同追求的利益，还可以被理解为与私人利益相对的群体利益。[①] 通常对公共利益的认定都要结合个案中的具体情况，这当然有利于在不同情况下灵活认定利益，解决实践中的问题，避免僵化的条文引起利益冲突，但这在很多情况下毕竟牺牲了法律的可预测性。如何认定“公共”？又如何能认为某种利益是“公共”所需要的？在某个社会群体中多数人主张的利益是否就能使限制少数人利益的行为正当化？这些问题都是难以回答的。在“公共利益”这个概念中，“利益”本身就是一个价值判断的范畴，“甲之熊掌乙之砒霜”，利益的判断从来就不能脱离主观。每个人对价值的衡量都是不一样的，因此谁能有权主张某项利益就是不特定的大多数人都期待的利益？除了价值判断的不确定之外，“公共利益”的受益群体也是不特定的，这通常被描述为“不特定的大多数人”，而非某个特定的利益集合体。

（二）“公共利益”概念的开放性

“公共利益”的内涵显然是会随着社会的发展而不断变动和充实的。过去不被视为公共利益的情形，现在可能都进入了公共利益的范畴。法律很难对公共利益作出具体而明确的限定，因为这种限定可能随时会与变动的社会生活的需要产生冲突，导致制度与社会现实的不相容。法律只能采用开放的方式，意图更好地应对社会发展。王利明教授认为，公共利益之所以呈现不断变动的特点，主要是因为“公共利益”通常与特定的社会形态相联系，属于历史的范畴。时代的发展必然导致社会成员利益诉求的变化，因此最能反映当时社会不特定大多数人利益诉求的“公共利益”也必然会随之不断发生改变。[②]

（三）“公共利益”概念内涵的丰富性

“公共利益”是个十分宽泛的概念，这当然也是由于它的开放性和不确定性所导致的必然结果。它包括经济利益和非经济利益，一切与社会

---

① 参见[美]塞缪尔·亨廷顿：《变革社会中的政治秩序》，李胜平等译，华夏出版社 1988 年版，第 24 页。

② 参见王利明：《论征收制度中的公共利益》，《政法论坛》2009 年第 2 期。

公共生活有关的事项都可能有公共利益的存在。而想要采用一一列举的方式对各种情形加以规定显然是不现实的。因此，国外的司法实践通常认为，只要政府是出于广义的公共目的而非私人目的采取了影响私权的行为，该行为就属于“公共使用”范畴。① 而公共利益的内涵之丰富、范围之广泛又通常会出现公共利益与非公共利益相交叉的情形。例如，商业利益在一些情况下通常也能找出公共利益的属性，而在实现公共利益的过程中也通常会在客观上出现某个特定利益集团的受益。但这更加强调了在实践中严格区分认定公共利益和商业利益的必要性。

通过对我国的法律文本的总结可以看出，尽管我国立法中大量存在公共利益条款，但是并未对何为公共利益作出任何明确规定。显然立法者认为，公共利益是难以被准确定义的，因为在不同的领域和情形下，公共利益也是不同的，因此只能由具体执行部门在实践中进行个案分析，判断公共利益的存在，而非通过明确的条文进行“一刀切”式的界定。必须承认的是，从立法技术上来讲，这种选择无可厚非。“公共利益”这一概念在法律中是相对开放且不确定的。随着社会的发展，其内涵和外延都在不断更新。而这一不确定概念在法律中以这种方式存在“是因人类在规范的设计上有力不从心之处。他们尚不能完全知道：哪些是应加规范的，以及对已认为应加规范者，应如何才能清楚地加以规范？于是乃乞灵于开放性的概念，期能弹性地、演变地对生活事实加以规范，而不至于挂一漏万”②。但是就目前的实践来看，将“公共利益”这一概念的界定完全留白似乎也是不明智的，这种规范方式给规范的具体执行部门提供了相当大的自由解释的空间，在这一空间中掺杂其他群体的利益成为可能。正如朱庆育教授所说：“在自由秩序中……每一个人的利益都可能与他人利益相互冲突，并且没有人能够全面了解各种个人利益之所在……如果认为特定的群体利益代表‘公共利益’，并优于个人利益，则无异于主张组织的存在价值高于个人，这对于以个人独立为出发点与旨归的自由社会来

---

① L. Wenar, “The Concept of Property and the Taking Clause,” *Columbia Law Review*, 1997, 97: 1923-1946.

② 黄茂荣：《法学方法与现代民法》，中国政法大学出版社 2011 年版，第 301 页。

说，其影响无疑是颠覆性的。"[①]因此，尽管看起来困难甚至是几乎不可能，但在法律上对"公共利益"作出界定依然势在必行。

二、公共利益的论证路径：还原为公民基本权利

公共利益所追求的价值并不是其所表现出来的形式和内容，而是为了保护个人的权利，即每个人对生命、安全、自由、财产权、隐私权等自然权利所享有的充分的自主和被尊重的权利，这才是政府公权力运行的最终价值追求。在现代国家，这些权利不仅成为受到宪法保护的公民基本权利，更被上升为人权层面，具有不言自明的和假定的不可侵犯性，只在特定情况下，为了特定目的，并通过合法手段，才能使这些权利服从于更为重要的社会公共利益。公共利益虽然客观存在，也是社会和个人发展所必需的，但是其在价值上相较于个人权利并不具有天然的优先性，因此不能以促进公共利益的名义而无限制地侵犯个人权利。

限制个人所有权的管制性措施必须以公共利益的需要为其出发点，这是管制的正当性基础。有鉴于对公共利益进行内涵与外延界定的困难，寻找一条公共利益的论证路径至少是在理论上对某种利益是否属于公共利益进行分析的可取方式。

德国学者阿列克西针对如何判断管制措施背后的公共利益提供了一条论证路径。他在《宪法权利理论》一书中将宪法中所规定的公民享有的基本权利称为"原则"(principles)，并在对比例原则进行分析的时候提出了一个论证公共利益的框架，认为在公共利益限制私权的语境下会涉及两个主体和两个"原则"。其中两个主体分别是个人与国家，国家的行政管制行为在两种情况下得以正当化：一是追求目标 E 是为了实现"原则" P，二是目标 E 本身就是一个"原则"。[②] 换句话说，隐含在公权力行为背后的公共利益必须能够还原为个人的基本权利。从这个意义上说，爆发

---

① 朱庆育：《意思表示解释理论——精神科学视域中的私法推理理论》，中国政法大学出版社 2004 年版，第 117 页。

② R. Alexy, *A Theory of Constitutional Rights*. translated by Julian Rivers, Oxford: Oxford University Press, 2002: 67-68.

禽流感时对疫区家禽扑杀是为了保护公众健康,可以还原为公民的健康权与生命权,所以这种行为所维护的利益可以被认定为公共利益并因此使造成私权损害的行为正当化。孙笑侠教授在《法的现象与观念》一书中说:"个人利益能够转化为公共利益……只有当个人利益或个人权利受侵害现象具有经济秩序或社会争议的普通型和典型性意义时,才转化为社会公共利益。"[①]因此,在对管制性措施所追求的利益是否属于公共利益进行论证时,或许可以遵循这样一条进路:管制性措施所追求的具体目标—具体目标所折射出的公共利益—公共利益所能还原的个体基本权利。满足这一论证进路的"公共利益"方可使公权限制私权的管制性措施正当化。

彭诚信教授等在《论征收制度中认定公共利益的程序性设计》一文中将公共利益的认定标准归纳为利益的正当性、利益的公共性和利益的可直接享受性三点,认为法律上的公共利益是制度化、普遍化的正当利益,是正当性程序的评价结果,受益主体广泛且不确定,而且利益本身能够为公众所直接享受。[②] 笔者以为这一观点与上述阿列克西的观点实为殊途同归:基本权利是一国之内正当利益制度化的最高形式,而公共利益能够还原为基本权利的要求也是从侧面要求了受益主体的广泛性以及这一利益与个人利益的直接相关性。

无独有偶,德国民法学者施瓦布在对传统民法中的"公序良俗原则"进行讨论的时候,也认为在面对这样的难以被准确定义的概念时,法官应当到宪法中寻找价值渊源以填补漏洞。而宪法中的价值渊源也就是宪法确立的各项基本权利。[③] 德国联邦宪法法院在1958年"吕特案"判决中则对这一主张表示接受:"基本法的各个基本权利规定里体现一种客观的价值秩序……这个价值体系必须视为宪法上的基本决定,有效适用于各种法律领域……没有任何民事法规可以抵触它,每一规定均需依照它的

---

① 孙笑侠:《法的现象与观念》,山东人民出版社2001年版,第78页。

② 参见彭诚信、刘海安:《论征收制度中认定公共利益的程序性设计》,《吉林大学社会科学学报》2009年第1期。

③ 参见[德]迪特尔·施瓦布:《民法导论》,郑冲译,法律出版社2006年版,第476页。

精神来解释。”[①]

尽管在理论上有了这样的论证路径，但是在实践中认定公共利益仍然需要更加具有指导性和可操作性的方法与标准。目前来看，学界对公共利益在实践中的界定方法主要提出了利益类型化和程序控制的思路。

三、民法中公共利益的类型化

在物权法中，公共利益作为一种独立的利益类型，是立法者对权利进行限制的正当化理由。从技术层面上讲，想要对公共利益在法律中进行具体界定几乎是不可能的。但是如果不对这一概念在法律层面予以适当的限定，就容易导致实践中对公共利益的判断出现冲突。作为高度抽象的法律概念，公共利益通常要借助司法进行认定，为了增强法律的可操作性，保障物权法所规定的公共利益能够在实践中得到正确实施，将受到社会公众普遍认可的属于公共利益要求的利益类型以概括列举的方式确定下来，目前在立法技术上看来是完全可行的方法。有学者指出，公共利益虽然难以被定义，但可以通过类型化方式弥补无法具体定义的不足。[②]对公共利益进行类型化处理，一方面是由于公共利益概念的抽象性和变动性致使很难直接通过基本法律解释方法给出周延的界定，而往往需要借助价值判断界定利益类型。而价值判断本身又是无法摆脱较强主观性的判断方法，很可能由于主观因素导致法律概念和裁判不统一。对公共利益的类型化处理有助于解决这种主观因素引起的缺陷，使“公共利益”在实践中更具有可操作性。另一方面，与试图在法律中给出清晰定义的方式相比，类型化更加具有开放性，能够使公共利益更加适应社会发展的客观需要，保持长久的生命力。尽管对其类型化同样可能难免在实践中与立法目的相分歧，也并不能完全解决公共利益被滥用所带来的所有问题，但至少可以尽量减小滥用“公共利益”的范围。对“公共利益”进行类

---

① BVerfGE7，198(204 f.)．参见程明修：《宪法保障之制度与基本权之制度性保障——兼论基本权客观内涵之主观化》，廖福特主编：《宪法解释之理论与实务》第6辑，(台北)“中央研究院”法律学研究所2009年版，第327～363页。

② 参见王利明：《论征收制度中的公共利益》，《政法论坛》2009年第2期。

型化分析，比较合理的方式应当是依据社会经验和一般理性，“把握其在具体法律适用领域的要素，然后以之为标准进行描述性的分类，从而形成形象化的‘公共利益’类型，使其内容逐渐趋于明确”[①]。但是类型化只能对于社会生活中经常发生的、在理论上相对比较成熟的几种类型进行总结概括，不可能对所有类型进行穷尽式的列举。

对“公共利益”进行类型化界定，在学界早有讨论和呼吁，但我国制定物权法时并未采用这种方式，而仍然以留白的方式规定了公共利益条款。但是近年来在一些部门法中已经明显出现了对公共利益进行类型化规定的趋势，采用归纳列举的方式对“公共利益”进行限定。这其中最为突出的就是 2011 年 1 月 21 日公布的《国有土地上房屋征收与补偿条例》。该条例第 8 条明确规定：“为了保障国家安全、促进国民经济和社会发展等公共利益的需要，有下列情形之一，确需要征收房屋的，由市、县级人民政府作出房屋征收决定：（一）国防和外交的需要；（二）由政府组织实施的能源、交通、水利等基础设施建设的需要；（三）由政府组织实施的科技、教育、文化、卫生、体育、环境和资源保护、防灾减灾、文物保护、社会福利、市政公用等公共事业的需要；（四）由政府组织实施的保障性安居工程建设的需要；（五）由政府依照城乡规划法有关规定组织实施的对危房集中、基础设施落后等地段进行旧城区改建的需要；（六）法律、行政法规规定的其他公共利益的需要。”本条规定所列举的事项比较宽泛，而且采用了兜底性条款，但是与之前的留白处理相比，在实践中的针对性和可操作性方面都有了明显的进步。公共利益的类型化能够带来以下几个方面的积极影响：一是能够对“公共利益”这一概念的范畴进行更为准确的界定。通过对具体利益形态的列举，这种方式也能使“公共利益”概念在司法中更具有可操作性。二是有助于为个人利益的保障提供指引，厘清公共利益与私人利益的边界，防止公共利益被滥用而侵犯公民、法人或者其他组织的合法权益。三是为公权力的正确运用提供指导和规范，并为个人利益受

① 余军：《“公共利益”的论证方法探析》，《当代法学》2012 年第 4 期。

到影响的当事人提供更为明确的指引,避免公权力滥用。[①]

四、实践中公共利益认定的程序设计

经过了类型化处理的“公共利益”只是为其在某个领域内的适用提供了初步的原则,划定了大致的范围,向法律的执行者指明法律的意图,以明确公共利益的适用情形。但是由于这一概念的高度模糊性和不确定性,单纯的类型化远远不能满足实践中利益判断的需要。如果说公共利益类型化是从实体层面对公共利益进行界定,那么进一步明确与限定公共利益适用的方法就是从程序角度出发,以成熟的程序设计引导实践中的公共利益认定。良好的程序设计能够有助于在实践中解决“何为公共利益”这样一个难以摆脱价值判断主观性的问题,将其转化为一个技术问题,更能够尽可能地在这个过程中反映受影响的利益群体的意愿以实现结果的公正,填补公共利益不确定性带来的缺陷。

(一)公共利益的认定主体

要对认定“何为公共利益”的程序进行设计,面临的第一个问题就是由谁来作出这个判断。由于我国民法中涉及公共利益的条款并未规定认定公共利益的机构,因此对认定机构目前存有三种设想。

第一种观点是由各级人民政府认定公共利益的存在,其理由在于政府“通过社会公众的授权委托,形式上已经取得了公共利益的代表资格,即政府的形式合法性已经通过法定程序得以实现”[②]。根据这种观点,政府是公共利益的最正当和最佳代言人,从社会管理的角度更加了解社会成员的需要,因此由政府进行认定是最为便利和直接的。但是从目前我国的所有权限制的实践来看,由政府作为认定公共利益的机关会使公权力对私权的限制缺乏监督。对所有权的行使进行限制的强制性规范通常是在法律授权之下,由各地政府通过行政规章和命令的形式,根据实际情况设定的。如果由政府充当公共利益的认定机构,再由政府的权力保证

---

① 参见王景斌、张剑平:《论公共利益在我国的立法表达》,《社会科学战线》2008 年第 3 期。

② 褚江丽:《我国宪法公共利益原则的实施路径与方法探析》,《河北法学》2008 年第 1 期。

该"公共利益"的实现,在这个过程中,政府的权力运行将缺乏监督,从而难以避免"公共利益"概念的滥用。

关于公共利益认定机构的第二种观点是由司法机关担任。主张这种观点的学者通常将司法机关认定公共利益建立在一个背景之下,即针对"何为公共利益"的问题,在限制性措施的制定执行机关和利益相关人之间存在争议。[①] 而这显然隐含了一个前提,即司法机关发挥这种作用只能是在个案当中。由司法机关作为利益的中立者,就受到争议的限制措施所追求的利益是否属于公共利益作出判断,体现了司法作为纠纷解决的最终机制。这种方式固然能够更加有针对性地在具体情境中实现公平和正义,但是毕竟是一种亡羊补牢式的事后监督与纠正。姑且不论这种公权与私权之间的冲突有多少能够进入司法救济的视野,亦不论这将为法院增加多少讼累,这种方式最终也只能起到个案的事后救济作用,难以在权利损害事实发生之前预防公共利益滥用,也难以将这种认定方式在较大范围内实现。

关于公共利益认定机构的第三种观点则认为由权力机关担任,即由各级人民代表大会及(或)其常委会在实践中认定公共利益的存在。[②] 在笔者看来,这种观点相较于以上两种更具有可取性。首先,从机构性质来看,人民代表大会是我国宪法所规定的国家权力机关,体现了人民对国家事务的管理,并且是由普通公民选举产生,是民意的表达机关。因此在这个意义上,各级人民代表大会及(或)其常委会应当能够在现有制度中尽可能地充分反映民意,这不仅包括社会公众所需的共同利益,也包括受到相关强制性措施影响的利益相对方的意愿。其次,从机构职能来看,我国的各级人民代表大会及(或)其常委会不仅是国家权力机构,同时还承担着立法机关的职责。由行政机关颁布的基于公共利益而对私权进行限制的强制性规范通常都是在立法机关的授权下制定的。考虑到这些强制性规范的来源,由各级人民代表大会作为公共利益的认定机关,可以同时起

① 参见王利明:《论征收制度中的公共利益》,《政法论坛》2009 年第 2 期。

② 参见彭诚信、刘海安:《论征收制度中认定公共利益的程序性设计》,《吉林大学社会科学学报》2009 年第 1 期。

到约束行政立法权的作用，避免行政权力在这一领域中的滥用。因此，由权力机关认定公共利益在实践中更加具有可操作性，也有着前述两种观点不能比拟的优势。

（二）公共利益的认定机制：公众参与

出于公共利益的不确定性以及它与公众日常生活的密切相关性，保障公众能够参与到公共利益的认定过程中，才能够更有效地实现这一结果的公正和科学。因此这要求公共利益的认定机关要充分保障公众的知情权、参与权和意见表达权。

保障公众的充分参与，并不意味着由完全民主的投票方式作出决策。尽管在判断公共利益时要充分体现利益相关人的意愿，但是具体到个案时，尤其是在所有权限制的问题上，受益方和受影响方都是很难确定的不特定群体，因此想要采用完全民主的投票方式几乎是不可能实现的。而且完全根据民意作出决策在特殊情况下又可能导致社会管理目的无法实现，因此在决策过程中应当充分尊重民意的表达，但不能完全按照民意作出决策。

目前，对于公众参与认定公共利益的机制建设，听证程序被认为是比较符合现实需要的形式。当立法和行政机关考虑通过强制性规范对私权进行限制从而实现公共利益时，听证程序可以实现充分的公开透明。在公众参与下进行决策，不仅可以实现结果的公正，更有利于未来规范的实施中公众的理解与配合。与征收实践中的听证程序不同，征收听证更具有针对性，利害关系人也相对具体和确定。但是在决定是否要通过强制性限制所有权的方式实现某个公共利益或公共目的（例如是否通过机动车限号行使的方式解决交通拥堵）时，由于这种决策影响范围之广泛和深远，潜在受到影响的个体又是多数且不确定的，因此在听证参与人的选择上更应当注重代表性和专业性，以便更好地起到立法听证的作用。

通过公共利益在法律上的类型化及立法过程中的程序控制，只能尽量避免在决策过程中出现公权力滥用从而导致强制性规范出台后给私权造成损害，但是由于公共利益本身的开放性和丰富性，在个案中出现问题仍然是无法避免的。因此，为在个案中实现公正，司法被要求起到事后控制的作用，由法官根据实际情况衡量公共利益和私权。衡量的结果并不必然是“非此即彼”，而是希望能够在二者之间找到一个平衡点，既能保证公权力正当行使从而实现社会整体的利益，又要保证私权在这个过程中不被过度干涉甚至遭到不法损害。而在这个衡量过程中，最具有指导性的价值判断依据就是比例原则。

第三节　比例原则在私权限制中的作用

一、比例原则的要义解读

比例原则肇始于19世纪初德国警察法，此后逐渐渗透至公法其他领域，是德国公法学的重要理论。一般认为，比例原则的功能在于调整公权力与公民私权之间关系，强调权力的行使应当不过度、符合比例，不得造成针对私权的不当侵害。在现代宪政国家，这一原则十分契合法治国和有限政府的理念，追求对个体的尊严和权利的关怀。比例原则被许多国家在立法中确认，成为现代社会公权力运行的普遍和根本性指导原则。在立法和具体执行过程中，比例原则体现为立法权和行政权的自我限缩；在司法过程中，比例原则则为司法人员的审查与监督活动提供了具有操作性的指导原则。而在公共利益限制所有权的语境下，比例原则能够起到一般意义上和个案中的利益衡量的指导性作用。

比例原则并非一个单一的概念，而是包括了妥当性（适当性）、必要性和均衡性三个具体原则。妥当性原则针对的是公权力实施的行为所意欲达成的目的。这一目的必须是宪法或法律所规定的，并且公权力的每项行为都必须有利于该目的的实现。这是对公权力行使的方向性的要求，国家权力绝不能成为谋求法定目的之外的不正当利益的工具。必要性原则则是要求公权力在实现上述妥当性之目的的时候，在多种手段和方式可供选择的情况下，国家所采取的须为对个人权利造成最小损害的手段，因此这一原则又被称为“最小损害原则”。这一原则意在约束公权力机关在选择权利限制措施上的自由，可以视为对其自由裁量权的一种限制，尽管在一些国家认为，必要性原则是一个强行性法律问题而非自由裁量问题。[①] 因为如果为实现某一特定目的所采取的手段在多种可供选择的手段中不符合最小损害的要求，那么这一手段的设置和运用会因违反比例原则而被宣告违宪或违法。均衡性原则亦称“法益相称原则”，这一要求则体现了比例原则最为核心的追求，亦被称为“狭义比例原则”。它要求公权力的运行过程中，如果为实现社会公共利益而不得不对公民的个人权利造成损害，那么所实现的和损害的利益之间必须成比例关系。换句话说，所实现的公共利益必须相比私人利益具有更大的可取性，其价值明显超出受到损害的私权，才符合这一原则的要求。这或许可以被理解为经济学意义上的成本与效益之间的关系，只有效益大于成本，成本的投入才是有意义的。

从某种意义上说，比例原则，尤其是其下的必要性原则和均衡性原则，所具有的控权功能和利益衡量功能对于我国现实中私权管制措施的形成和评价十分重要。“在没有彻底完成近代自由主义课题的前提下，非常有必要坚持甚至突出最小侵害原则对于公权力行使确保公民权利损害最小的控权要求；但是接踵而至的现代性课题乃至后现代课题，又凸显出在多元的价值和利益冲突中作出判断的必要性。”[②]

比例原则下的三项具体原则尽管各有内涵及侧重点，但在逻辑上显然是层层深入的关系。通常认为，这三项具体原则在实践中的应用呈现出一定的位阶关系，而这种位阶关系在作为外部监督的司法审查中体现得尤为明显。政府的立法与行政行为当然要对三项具体原则进行综合考虑以使自己的行为正当化，而在司法审查当中，法院则会循“妥当性—必要性—均衡性”的逻辑进路层层审查，只有符合了上一原则的要求，方能进入下一原则的审查。德国学者沃尔夫斯认为，这样的审查秩序使得每后一个原则都有强化前一原则的功能。[③] 但是这种看似十分严谨的审查

---

① 参见郝银钟、席作立：《宪政视角下的比例原则》，《法商研究》2004年第6期。

② 蒋红珍：《论比例原则——政府规制工具选择的司法评价》，法律出版社2010年版，第23页。

③ 参见蒋红珍：《论比例原则——政府规制工具选择的司法评价》，法律出版社2010年版，第46～47页。

模式在实践中的适用性可能并不强,因为在具体的审查中,这三项具体原则的审查并不必然遵循固有的逻辑顺序,而是可以颠倒的,而从法官的思维方式来看,也必然是在三项原则之间流转往返、重复适用。三项原则之间的逻辑顺序实际上更大程度上起到的是一种带有指导性的审查进路,而非必须严格遵循的审查模式。

二、比例原则在我国现行制度中的体现

我国行政法中并未规定比例原则,而是以“合法性”和“合理性”作为行政权行使的根本原则。但是通常认为,“合理性”实际上就蕴含了比例原则的精神,而这种精神也已经渗透进了行政法的立法及司法审查过程中。叶必丰教授说:“我国的合理性原则大体上可以概括为:行政决定的内容应当有合理的基本规则,主要包括平等对待、比例原则和正常判断三个方面。”[①]而胡建淼教授则直接采用比例原则的内涵来解释合理性原则,即“注意权利与义务、个人所受损害与社会所获利益、个人利益与国家集体利益之间的平衡”[②]。而近年来,比例原则也逐渐被学者视为独立原则加以研究,认为无论从重构行政法基本原则的角度,还是从引进司法审查技术的角度,都应当将比例原则独立地引入行政法中。[③] 更有学者认为,比例原则并非仅适用于行政法,而是应当作为一个宪法性原则,适用于各部门法领域。[④]

(一)比例原则在立法中的体现

尽管我国行政法并未明确出现“比例原则”,但是比例原则作为现代法治国家公权力运行的根本准则之一,其精神已经以“合理行政”的形式体现在了行政法之中。2011 年公布施行的《行政强制法》在第 5 条就规定:“行政强制的设定和实施,应当适当。采用非强制手段可以达到行政

---

① 叶必丰:《行政法学》,武汉大学出版社 2003 年版,第 111 页。

② 胡建淼:《行政法学》,法律出版社 2003 年版,第 67 页。

③ 参见余凌云:《行政自由裁量论》,中国人民公安大学出版社 2005 年版,第 67 页。

④ 参见范剑虹:《欧盟与德国的比例原则——内涵、渊源适用与在中国的借鉴》,《浙江大学学报》2000 年第 5 期。

管理目的的，不得设定和实施行政强制。”[①]本条规定被认为是体现了比例原则中的适当原则和均衡原则。类似的条文也散见于其他单行立法中，通常出现在总则当中，措辞则以“相当”“适度”“必要限度”等较具有代表性。[②]

除了具有明确效力的法律、法规和规章外，政府也通过文件的形式将比例原则的具体要求引为行政工作的实体性要求。2004 年，国务院发布的《全面推进依法行政实施纲要》第 5 条第 2 款提出：“行使自由裁量权应当符合法律目的，排除不相关因素的干扰；所采取的措施和手段应当必要、适当；行政机关实施行政管理可以采用多种方式实现行政目的的，应当避免采用损害当事人权益的方式。”第 17 条更指出：“积极探索对政府立法项目尤其是经济立法项目的成本效益分析制度。政府立法不仅要考虑立法过程成本，还要研究其实施后的执法成本和社会成本。”这意味着将比例原则的要求通过更加具有技术操作性的“成本—收益”分析的方法予以实现。

(二)比例原则在行政及司法审查中的体现

在我国，由于尚未确立具有实效性的违宪审查制度，因此比例原则在审查中的作用主要体现在行政复议及行政诉讼之中。《行政复议法》第 1 条即开宗明义地将行政行为的合理性列为审查标准，审查不当的具体行政行为，体现了比例原则对行政行为“适度”要求的思想。

从行政诉讼制度的设置来看，《行政诉讼法》确立了司法对行政行为合法性审查的原则，以体现司法对行政的监督，但这并不意味着司法完全排除了对行政行为合理性问题的审查。《行政诉讼法》第 54 条规定了在行政机关滥用职权或行政处罚显失公正的情况下，司法机关有权判决撤销或变更。本条被学界视为涉及合理性问题的审查依据，为比例原则的

① 最初公布的《行政强制法(草案)》中，本条的表述为：“设定行政强制应当适当，兼顾公共利益和当事人的合法权益。实施行政强制应当按照法定条件，正确适用法律、法规，选择适当的行政强制方式，以最小损害当事人的权益为限度。”草案中这一条文的措辞更加突出地体现了比例原则的精神。

② 参见马怀德：《行政法与行政诉讼法》，中国法制出版社 2012 年版，第 68～69 页。

适用提供了制度空间。[①] 而事实上,以比例原则作为行政行为在司法中审查标准的案例在审判实践中已经存在。

在"汇丰实业公司与哈尔滨市规划局行政处罚决定纠纷案"[②]中,黑龙江省高级人民法院和最高人民法院的判决书都不约而同地体现了比例原则中的最小侵害和法益相称的思想。黑龙江省高级人民法院在判决书中认为:"规划局确定了中央大街保护建筑'外文书店'为影响中央大街景观的参照标准,就应以汇丰公司建筑物遮挡该书店多少,就决定拆除多少。经勘验规划局所作的处罚拆除面积超过遮挡面积,故对汇丰公司的违建行为处罚显失公正。"这即是要求行政处罚的程度以实现行政目的为限,在相同有效实现目的的情况下,就必须选择对相对人利益损害较小的方式。最高人民法院在二审中支持了一审法院的观点,并指出:"规划局所作的处罚决定应针对影响的程度,责令汇丰公司采取相应的改正措施,既要保证行政管理目标的实现,又要兼顾保护相对人的权益,应以达到行政执法目的和目标为限,尽可能使相对人的权益遭受最小的侵害。而上诉人所作的处罚决定中,拆除的面积明显大于遮挡的面积,不必要地增加了被上诉人的损失,给被上诉人造成了过度的不利影响。"这进一步体现了公共利益保护与个体权利限制之间的均衡思想。

尽管目前比例原则仅在行政处罚的司法审查领域有其运作的空间,但是最高人民法院公报案例的出现为下级法院审理有关行政自由裁量权案件提供了具有倾向性的指导,也意味着比例原则在实践中将有更大的作为。

三、比例原则在实践中的应用困境

(一)比例原则在立法与行政中的作用效果有限

尽管在立法中设置强制性规范时就要考虑到比例原则的三项具体内容,并尽可能地在追求实现立法目的的同时尽量减少对相对人利益的损

① 参见余凌云:《行政自由裁量论》,中国人民公安大学出版社 2005 年版,第 84 页。
② 详细案情及判决内容参见最高人民法院(1999)行终字第 20 号,法公布[2000]第 5 号。

害，实现利益均衡，但是比例原则实际上在立法活动中能够起到的效果是比较有限的，其根本原因就在于比例原则的结果导向性与行政机关权力运行存在不相契合之处。社会现实复杂多变，行政机关在社会管理过程中倾向于采用不区分具体情况的包容性较大的行政行为，并将其以规范的形式确定下来，此时法律后果或尚未出现，或已出现但难以把握，或结果尚未达到可明确预见的程度。这意味着在规范制定阶段，即使以比例原则要求立法者，客观上也很难判断何为损害最小的措施，受损权利与实现的公共利益又是否符合均衡原则。表面上，比例原则审查的是目的与手段的关系，但是这种审查实际上要求以明确的或至少是可预期的法律后果为基础，通过结果来印证手段是否符合要求。在这个意义上，比例原则更加具有结果导向性，因此可能很难在结果尚不明确的立法和执行阶段充分发挥其作用。与此相比，在司法审查阶段，由于明确的法律结果已经出现，司法者可以根据结果反向评估手段，此时比例原则能够得到更加完备的适用条件，也方能够充分发挥作用。

（二）比例原则在司法审查中的作用范围有限

造成这一结果的原因显然是司法对行政行为审查范围的有限性。除前文提到的在行政处罚显失公平的情况下，司法机关有权根据比例原则，对行政行为的合理性进行审查并要求行政机关变更其行为，否则司法机关针对行政行为的审查只涉及合法性，不涉及合理性，这是为了充分尊重行政权的独立以及行政自由裁量权的有效运行。因此，作为判断行政行为合理与否的依据之一，比例原则在司法中的运行范围也就相应的十分有限了。

（三）比例原则的作用效果受主观因素影响

如判断“何为公共利益”的问题一样，比例原则在实践中的运行亦无法摆脱主观因素的影响，这也大大增加了将比例原则在实践中转化为可操作的技术标准的难度。比例原则所要求的目的妥当性、手段必要性和法益均衡性，在现实中的判断无不涉及价值判断的过程，这也就意味着担任价值判断的主体难免会在结论中融入自己的主观意志。尤其是在对不同性质的法益进行比较衡量的时候，如何进行价值权衡。公共利益相较于私人权利并不必然具有优越性，也就是说政府的限制性规范并不必然能被公共利益正当化。如何对公共利益和受限制的私权进行价值权衡可能是狭义比例原则在实践中的最大困难。

四、比例原则实践困境的应对

有鉴于比例原则在实践中存在的上述困境，有部分学者对比例原则持反对意见，认为这一原则只是一种虚置，无法在事实上起到保护私权、限制公权的作用。[①] 但是比例原则对法治国家建设的意义是毋庸置疑的，它既体现了维护私权、限制公权的现代法治精神，又为权力运行留下了必要的自由空间，体现了对公权的尊重，而它在实际运行时所遇到的困境也并非完全无法解决，更不应当因此而抹杀其能够起到的巨大积极作用。

（一）立法实践中的困境之应对：管制手段的选择

客观地说，立法只是一种预测，这一现实并非是通过采取措施就能解决的技术性问题。立法者在制定条文的时候，实际上只是对未来可能性的判断。如果他确信某项目标可以通过某一管制性措施达成，这种确信也只是一种推断和猜测。因此，不论如何在立法过程中强调目的妥当性、手段必要性和法益均衡，都只能是建立在对法律实施状况的预测的基础之上。要尽量在立法过程中实现比例原则的精神，一是要求立法者充分掌握立法所针对的社会实际并对未来可能性作出科学的预测；二是建立并强调司法的事后监督审查作用；三是在立法中科学选择管制手段，能够采取弹性管制手段的，就不选用强制性的管制手段。

受到法律传统、政治体制和文化背景等诸多因素的影响，我国的行政权异常强大，无论针对突发事件的应急措施，还是针对社会管理中的一般事件，行政部门动辄以“禁止”的方式追求实现管理目的。这的确能够产生立竿见影的效果，但是很有可能无法满足比例原则中“最小侵害”的要

① 参见王书成：《比例原则之规范难题及其应对》，《当代法学》2007年第6期。

求。在立法阶段强调比例原则，其目的无非是避免制度本身即对私权存在不合理的干涉与损害，而依据规则所采取的一切执行行为，尽管会造成私权的不合理损害，但是已经在制度上有了合法依据。为了实现这一目的，尽量避免立法者事先预测的不准确在现实中造成不良后果，在管制方式中选择指导型、协商型、负担型的手段。将禁止性措施列为最后手段，能够尽量保证私权自治的空间，有助于避免上述可能的立法疏漏对私权产生实际的、事后难以填补的损害，也使之后可能出现的司法审查与救济具有更大的效果。这要求立法者对管制手段的选用抱有更加审慎的态度。

(二)司法实践中的困境之应对：审查范围的扩张

比例原则并非我国行政法中明文认可的基本原则，但是比例原则的基本内容和精神已经包含在合理性原则之中，尽管合理性原则的要求比比例原则更为宽泛。按照我国目前行政行为的司法审查范围，法院仅对具体行政行为的合法性进行审查，而不审查其合理性，在司法审查中比例原则或合理性原则的实践效果也就有限了。但是事实上，行政行为的合法性与合理性通常是交织在一起的，不合法的行为通常都是不合理的，而达到一定程度的不合理行为亦可构成不合法。合理性要求实际上是合法性的补充和引申，诚如胡建淼教授所言："合理是合法范围内的合理，任何违法的所谓'合理性'概不允许。"[①]因此，将行政行为合理性逐渐纳入司法审查范围内，应当是未来的发展方向之一。

(三)比例原则主观性缺陷之克服：个案法益衡量的模式设计

比例原则在实际应用中难以摆脱主观因素的影响，而这种影响更多地体现在司法审查时的利益衡量和价值判断过程中。有人担心，司法审查过程中对利益进行评价和衡量，会使法官的价值判断取代立法者的价值判断，从而歪曲法律的原本目的导致无法进行客观的事后评价。[②] 但

① 胡建淼：《行政法学》，法律出版社1999年版，第80页。

② 参见蒋红珍：《论比例原则——政府规制工具选择的司法评价》，法律出版社2010年版，第298页。

是德国学者拉伦茨认为："针对'价值取向'的思考发展出一些方法，借助它们可以理解及转述既定的价值判断……就此而论，评价行为是可审查的，对之亦得为合理的批评。"[①]因此，尽管价值判断难以摆脱主观因素的影响，但是如果能对价值判断过程进行技术化处理，使之更加客观和具有明确的实践指导性，应当有助于提高个案利益衡量的可预测性和结果的一致性。而在这一过程中，最为关键的部分就是确定公共利益的存在及其相较于私权的更大可取性。

公共利益在个案中的衡量，是对公共利益认定的事后控制。在司法中为法官提供一些价值判断和衡量的参考依据，更有助于个案中公正的实现。而这个过程实质上就是利益衡量的过程，是裁判者面对争议，衡量公共利益与个体权利的过程，衡量的结果并不必然是"非此即彼"，而是希望能够在二者之间找到一个平衡点，既能保证公权力正当行使从而实现社会整体的利益，又要保证私权在这个过程中不被过度干涉甚至遭到不法损害。笔者认为，至少有以下四个要素在进行利益衡量时有助于法官作出较为客观的评价：权利位阶、损益程度、公共利益的受益范围、公共利益保护的紧迫性。正如德国法院在实践中确立起的以"比较性公式"为基础的衡量法则所表述的："侵害越涉及人类行为自由的基本表现形态，则所提出的正当化理由……就必须受到更仔细的衡量。""个人自由所受的侵害越深，则该规定所要保护的公共利益就必须越强。"[②]尽管这仍然无法精确说明究竟怎样的公共利益才能正当化对权利的限制，但至少为我们提供了思考的进路。

1. 权利位阶的衡量与比较

应当说，学界一直尝试的对于权利位阶的分析体现出了对价值判断客观化的追求。如前文对公共利益的论述，管制性措施所欲实现的公共利益应当可以被还原为个人的具体权利，而管制性措施所限制的私权（例如所有权），亦是基本权利在私法领域的具体化，因此权利限制的模式就

---

① [德]卡尔·拉伦茨：《法学方法论》，陈爱娥译，商务印书馆2003年版，第20页。

② 转引自蒋红珍：《论比例原则——政府规制工具选择的司法评价》，法律出版社2010年版，第298页。

变成了限制某项基本权利以实现另一项基本权利，即德国学者阿列克西所说的两种基本权利之间进行“法律上可能性”均衡的分析模式。[①] 如果能够对基本权利进行位阶排序，那么利益衡量过程就只需判断公共利益与私权各自所反映的基本权利，随后便可以客观地依据权利位阶得出结论。但是这显然只是一种理想化的设想。目前大部分学者认为，尽管权利体系中确实存在一定的位阶，一些权利所受到的保护优于另一些权利，但是从整体上看权利位阶并不具有确定性，也不可能存在普世性的依据。[②] 也正是在这个意义上，利益衡量和价值判断可能永远也无法脱离个案特殊情境而单独作出。

尽管梳理一个统一的基本权利位阶秩序的尝试无法实现，但这不意味着完全无法对权利进行位阶次序的分析。从德国联邦宪法法院的实践来看，虽然不存在一个固定的、绝对的、先验的权利位阶，但是某些权利或某种权利的某一表现形态会被法院认为具有较高的价值，这通常受到价值观念、法治状况、文化传统等多种因素的影响，是法官在司法判断前便持有的观念，或多或少地影响着价值判断的作出。目前，比较能够得到公认的规则主要是针对不同种属的基本权利。例如，精神自由高于经济自由，对人格自由与尊严的保护和尊重应当是最高的法价值；再如，生命权和健康权处于权利体系中的核心地位，从美国和德国法院对“堕胎”案件的态度来看，生命权有时甚至得以对抗属于精神自由范畴的自我决定权。[③]

以上对基本权利的位阶秩序的分层，实质上是将公共利益与私权放在了同一个比较的水平面上。这种方式体现了公共利益与私人利益的一致性，延续了公共利益向个体享有的基本权利还原的论证路径。但是仅从这一层面上对公共利益及受影响的私权进行利益衡量显然是有偏颇

---

① R. Alexy, *A Theory of Constitutional Rights*. translated by Julian Rivers, New York: Oxford University Press, 2002:67.

② 参见林来梵、张卓明:《论权利冲突中的权利位阶——规范法学视角下的透析》,《浙江大学学报》(人文社科版)2003 年第 6 期。

③ 参见蒋红珍:《论比例原则——政府规制工具选择的司法评价》,法律出版社 2010 年版,第 299～304 页。

的。公共利益之所以被称为“公共利益”，之所以能够使权利限制正当化，正是在于它与基本权利并不等同。因此，在进行价值判断时，仍然要将其他因素包含在内。

2. 损益程度衡量的定量分析：阿列克西的权衡法则

利益衡量与价值判断通常被认为是社会现实在法律上的投射，所反映出的也只是判断者主观的衡量结果，而非可以由其他方法加以验证以证明其正确性，即使是在这一过程中充分运用了正确的逻辑推理，也不能保证价值判断的结果在内容上的正当性。无数学者致力于研究如何尽量弱化法益衡量中的非理性因素，引入客观的标准和方法以使价值判断过程可供复制和反推，而为权利划定位阶只是追求这种客观化的初步尝试。德国学者阿列克西的“权衡法则”则跨出了长足的一步，从宪法基本权利的层面入手，尝试建立起权利的定量化衡量方法，目的在于比例原则中的均衡性要求在现实中的更加精确的判断。

将受损的私权和受益的公共利益还原为宪法中的基本权利后，阿列克西提出的“权衡法则”采取了以下的分析方法：将受损权利 P_i 的侵害程度区分为“轻度、中度、重度”三个标准，并将受益的权利 P_j 的重要程度亦分为“轻度、中度、重度”三类，然后判断 P_j 的重要程度是否足够正当化 P_i 的损害。在此基础上，阿列克西提出了一个“重量公式”(the weight formula)以在具体事实中进行价值判断。在这个公式中，根据实际情况的不同，有三个变量需要被考虑在内。第一个变量显然是在具体条件下两种权利各自的损害程度和重要程度，这个可能是源自于事实判断；第二个变量是在抽象意义下两种权利的重要性，这种重要性可能来自于权利的位阶衡量或社会价值；第三个变量是在具体环境下采取某一干预措施能否实现所追求的目标的经验可靠性。① 据此，“重量公式”表示为：

$$WP_{i,j}C=\frac{IP_iC \cdot WP_iA \cdot RP_iC}{SP_jC \cdot WP_jA \cdot RP_jC}$$

这一公式的文字表述为：在具体条件 C 之下，为实现 P_j 而使 P_i 受到

① R. Alexy, “On Balancing and Subsumption. A Structure Comparison,” *Ratio Juris*, 2003 (12):433-449.

侵害的强度(IP_iC)与 P_i 的抽象重量(WP_iA)及干预措施对 P_i 造成损害的经验可靠性(RP_iC)的乘积,与在条件 C 之下 P_j 的重要程度(SP_jC)、P_j 的抽象重量(WP_jA)及干预措施促进 P_j 实现的经验可靠性(RP_jC)乘积的二者之比就是 P_i 相对于 P_j 的相对重量。[①] 根据损害程度的不同,通过对以上变量的赋值,就可以对二者的利益衡量作出客观的判断。

阿列克西提出的这一公式确实在某种程度上使在基本权利层面上进行价值分析与判断的逻辑推导过程更加精确化了。他通过明确价值判断需要考虑的几个变量,避免了现实中各种利益的变动不居以及利益之间无法比较的难题,比单纯通过划定权利位阶进行价值判断的方法显然更进一步,并且充分保留了根据实际情况,在衡量法则中引入其他变量的可能性,通过设计精密的逻辑论证结构,借助论证理论,实现现实中的实体判断。因而,阿列克西的方法对于价值判断的客观化和理性化发展有着十分重要的意义。

3. 公共利益的受益群体

权利的管制措施通常由政府以抽象行政行为的方式作出,因此受到限制的主体通常是不特定的人群。但是与此同时,采取管制性措施必然使某一方面的公共利益得以促进,否则权利限制将毫无正当性可言。在公共利益与私人利益产生对峙的情形下,对受损与受益的人群范围进行评价,有助于在利益均衡的判断中得出结论。目前看来,公共利益在司法实践中一直受到高度的尊重,尤其是在针对消费者权利、食品安全等案件中,法院始终强调,正因为这些权利的主体是"公众",方使得针对这些权利的保护具有了更大和更为优先的价值,从而足以正当化对不特定主体的其他权利的限制。从技术上考虑,这就是在公共利益和私权发生冲突时,考虑两种利益背后潜在的人群范围,从而将抽象的"公共利益"和私权的利益均衡判断转化为相对具体的判断,从而得出公共利益的大小能否使限制私权自由的管制性措施正当化的结论。

---

① R. Alexy, *A Theory of Constitutional Rights*. translated by Julia Rivers, Oxford: Oxford University Press, 2002: 408-409.

4. 公共利益保护的紧迫性

现实中可能存在这样的情况,即突发事件或紧急状态之下,公共利益受到了威胁,政府就会采取比较严厉的管制性措施,甚至出现实质性的身体强制、自由强制、财产剥夺。但是在对这种情况下采取的限制措施进行评价时,通常要持有容忍的态度,不仅容忍可能存在的法益不均衡,同时要容忍可能违反“最小侵害原则”的手段。公共利益受到的威胁越紧迫,这种审查强度就会越弱。公共利益保护的迫切性成为政府严厉的管制手段的正当化理由。而受威胁的公共利益所代表的基本权利对个人而言越重要,权利限制所需要的正当化程度就越低。举例来说,当禽流感疫情爆发时,为了保护多数人的生命权和健康权,国家采取限制疑似染病人群的自由、扑杀疫区禽类的做法所需要的正当化理由和比例原则对这些措施的要求要远低于正常时期国家采取类似措施时的正当化标准。

比例原则是解决目的与手段关系的黄金原则,它不仅提醒行政机关在选择管制性措施时应当自我约束、自我限权,更为司法审查提供了可供借鉴的标准。尽管它始终无法摆脱主观性的缺陷,并且在我国现行的司法框架下尚有运行范围与效果受限的现象,但是比例原则为广泛存在的出于公共利益的目的而采取强制性规范限制私权提供了审查评价的路径,对强制性措施的目的、手段与效果的评价亦有积极作用。

第四章

解决所有权过度限制问题的制度应对：立法与救济的完善

第一节　所有权限制立法的完善

一、宪法财产权条款的完善

2004年修改宪法时，将公民财产权的保护写入了《宪法》第13条：公民的合法的私有财产不受侵犯；国家依照法律的规定保护公民的私有财产权和继承权；国家为了公共利益的需要，可以依照法律规定对公民的私有财产实行征收或者征用并给予补偿。这一条款即我国各部门法对公民合法所有的财产进行保护以及依法予以征收征用的宪法依据。

（一）宪法上的财产权条款的规范意义

所谓的宪法财产权的规范意义，就是要回答一个问题：财产权条款是否必须列入一国宪法有关公民基本权利的规范当中。换句话说，财产权是否与生命权、自由权等无争议的基础性权利享有同等的地位？财产权是否必须进入宪法确定的基本权利范围内才能够获得周密并且有效的法律保护？随着国家在社会生活领域公权力的逐渐扩张以及征收的经常出现，财产权获得了比以往更多的关注。从许多国家的立宪过程来看，对于宪法中财产权条款的规范意义通常有着不同的认识。例如，美国1789年宪法及之后的27个修正案均未对财产权的保护作出明文规定，仅在1791年通过的宪法第五修正案和1868年通过的第十四修正案中提到了非经正当程序不得剥夺财产和非有恰当补偿不得征用财产。加拿大于1983年通过的《加拿大权利与自由宪章》中也没有提及对财产权的保护。立宪机关对此给出的解释是：财产权概念过于开放，一个概括化的不具特定性的财产权条款可能会使土地所有权人以涉及对财产权的征收或者征用为由，反对几乎所有的土地使用或者规划，并且考虑到目前已有各部门法提供的充分的保护和救济渠道，因此也就没有必要再将财产权条款写入宪法文件中。[①] 更为极端的例子则出现在印度。印度于1950年颁布的宪法中包含财产权条款，但是这一规定激起了法院和立法机关之间的冲突，“几乎摧毁了宪法的道德和法律权威”，因此在经过几年的实践之后，财产权条款被完全清除出宪法规范。[②] 但是与此同时，许多学者则对财产权条款进入宪法文本的必要性持肯定态度。美国新宪政主义学者孙斯坦宣称：“无论是基于经济的理由还是民主的理由，这种一般性的条款是绝对必要的。若缺少这类规定，无论事实层面还是法律层面，都不可能存在有效运转的私有财产权制度。”[③]将财产权条款写入宪法规范这一立宪模式也被许多国家所采用。

就我国而言，2004年宪法修正案将财产权条款写入宪法，理论界可谓一片欢欣鼓舞，这一修正标志着我国私有财产权的保障已经提高到了宪法层面。私有财产权入宪，意味着从此公民享有的财产权具有了针对国家的防御权和受益权，国家则既负有不得侵害公民合法财产的消极义务，又负有保障财产权自由、促进财产权实现的积极义务。与此同时，学

---

① R. W. Bauman, “Property Rights in the Canadian Constitutional Context,” *South African Journal on Human Rights*, 1992(8): 344-361.

② 参见范德·沃尔特：《宪法上的财产权条款：在保障和限制间达致平衡》，林来梵、宋华琳译，《北大法律评论》第5卷第2辑，法律出版社2004年版，第334～363页。

③ C. R. Sunstein, “On Property and Constitutionalism,” *Cardozo Law Review*, 1992-1993, 14:907-936.

者们还进一步呼吁，公私财产应当平等保护，意在提升私有财产权的法律地位。财产权条款被规定在宪法总纲内而非公民基本权利部分。有学者指出，这实际上是将财产权条款作为更加基础的规范，将之作为国家应当完成的任务。[①] 但是同时也有学者认为，这恰恰是公有财产和私有财产不平等在宪法规范中的体现，甚至可能成为公权力打着"公共利益"的幌子侵犯个人财产权的宪法依据。[②] 财产权条款入宪，可谓是我国法治进程的标志性事件之一。实践证明，这一修订的积极效果已经显现，公民的财产权的法律地位有了显著的提升，对财产权保障也有了更多的关注。但是不得不承认，经过十余年的法治实践与社会变革，我国的宪法财产权条款逐渐显露出了在立法结构上的层级缺失，需要在未来的修宪工作中予以补充。

（二）宪法上财产权条款的结构补充

在宪法规范中写入财产权条款的国家，对这一条文的表述方式各有不同。例如，《德国基本法》第 14 条表述为："一、财产权及继承权应予保障，其内容与限制由法律规定之。二、财产权负有义务；财产权之行使应同时有益于公共福利。三、财产之征收，必须为公共福利始得为之，此项法律应规定赔偿之性质与范围；赔偿之决定应公平衡量公共利益与关系人之利益；赔偿范围如有争执，得向普通法院提起诉讼。"德国的财产权条款非常具有代表性，它包括了权利宣示和保障条款、权利限制条款、征收补偿（包括救济）条款，形成了层层递进的具有严密逻辑结构的规范，即财产权的保护、限制和剥夺。权利的宣示条款是权利保障的前提，使公民享有以国家为义务主体的防御权和受益权；权利限制条款的目的在于防止财产权的滥用，同时也对公权力设定权利限制提供宪法依据；而征收补偿和救济条款的目的则是为了实现社会公共利益与私人利益的平衡，并且尽可能防止公权力滥用。

我国的宪法财产权条文包含了三个条款，但是在逻辑结构上只对应

---

① 参见童之伟：《宪法学》，清华大学出版社 2008 年版，第 197～198 页。

② 参见吴旅燕：《论我国私有财产权的宪法保护》，华东政法大学 2010 年硕士学位论文。

了权利宣示与保障条款和征收补偿条款，即“保护—剥夺”的双层式结构，并未对财产权的限制作出规定。这种双层结构实际上是对财产权的“全有”和“全无”两种绝对的状态。[①] 但是在实际生活中，财产权绝大多数时候并不处于这两种状态，而是更多地居于二者之间的灰色地带，即介于财产权绝对保护和剥夺之间的财产权限制。所有权人既不享有绝对的财产权，也并未丧失这项财产，他只是享有受到限制的、不圆满的所有权。目前，我国这一条款的结构显然是与实践不相适应的，体现了对财产权可能受到的限制及其产生的后果没有充分的认识，这使得公权力为所有权人设定的对其权利的限制成了无源之水、无本之木，在宪法上缺乏依据。与此同时，对所有权限制的认识不足，也容易导致在下位法制定过程中公权力过分扩张，为所有权人造成损害，导致私权的过度收缩。

为了实现公民私有财产权的保护、财产权合理限制及合法征收，并为各部门法对以上三个领域的立法活动提供指向，我国宪法中的财产权条款应当参考德国立法例，补充为三层结构，将财产权限制写入宪法，从而实现财产权条款在逻辑结构上的完备。

二、管制性征收制度在法律中的确立

“管制性征收”是美国判例法中的一个概念，目前在德国、日本等国家的立法中也承认了管制性征收的存在，但是目前在我国的立法中并不存在管制性征收制度。管制性征收与一般意义上的征收(formal takings)存在差别。征收是由国家为公共事业或公共利益之目的，行使征收权，通过正当征收程序，以补偿损失为条件，强制取得他人财产权的行政处分。而对于所谓的“管制性征收”(regulatory takings)而言，并不存在由国家行使征收权并正式发动征收程序，而只是由于国家颁布的一些管制性法令而造成私人合法所有的财产被间接剥夺的效果，即虽然不存在所有权的实际转移，但是限制性规定已经对所有权造成了极大的损害，以至于所

① 参见房绍坤、王洪平：《从财产权保障视角论我国的宪法财产权条款》，《法律科学》(西北政法大学学报)2011 年第 2 期。

有权人已经不能享有所有权的大部分权能。此时所有权人可以主张政府的管制行为已经构成了实质上的征收而通过诉讼程序请求补偿,因其自下而上发动征收而又被称为"反向征收"。一般的征收应当给予补偿已经是无争的共识,但是对于管制性征收的认定和补偿问题仍然存在很多争议。我国尽管在立法中并未承认管制性征收的存在,但学界已经展开了广泛的讨论,并呼吁尽快在立法中确立这一制度以解决现实中已经存在的纠纷。本节将参考美国和德国的相关理论和立法实践,对我国未来的管制性征收在立法中的确立进行探讨。

(一)管制性征收的请求权基础和法律救济

我国法律目前并未承认管制性征收,这与我国宪法财产权条款采用的双层式结构是有关系的。在我国普遍存在的对财产权进行限制的情况中,对过度的限制不予补偿确实应当受到重视。缺失对财产权限制的规定,也就意味着缺乏对财产权限制的监督机制。管制性征收在我国并不是新问题,更不是鲜少发生的现象,然而这一问题目前似乎仍未引起足够的重视。

管制性征收是由被征收人通过诉讼程序发动的征收,故而又名"反向征收"。在这一过程中,一个关键的环节就是由财产的所有权人向法院提起诉讼。因此,为财产的所有权人提供适当的请求权,是管制性征收中的一个特有问题。

目前,我国《物权法》第 42 条对征收作出了具体规定:"为了公共利益的需要,依照法律规定的权限和程序可以征收集体所有的土地和单位、个人的房屋及其他不动产。"同时规定,征收应当向被征收人支付合理补偿。然而本条并没有对所有权的过度限制或者说管制性征收作出任何规定,这意味着在我国并没有给受到了不当限制或者所有权被实质上剥夺的所有权人提供可以进入法律救济程序的请求权。因此,未来在物权法有关征收的条文当中,应当对管制性征收作出具体的规定,明确赋予所有权人一项请求权,允许他们在感到自身享有的所有权受到了限制以至于无法继续充分享有的时候,通过诉讼的方式请求获得合理的补偿。但是当然此处仍然存在一个问题,就是采用何种诉讼方式。基于物权法的规定而提起诉讼，似乎理所当然采用民事诉讼方式，然而这一诉讼的双方是个人与政府，或者说是私权与公权。公民也是基于政府的某项行为给自己造成的影响才提起诉讼，因此按照传统的诉讼分类，又应当归入行政诉讼的范畴。为解决这一问题，我国的民事诉讼与行政诉讼应当采取一种更为开放的受理态度，通过分工与协作共同解决这一问题。

目前还有一种折中的观点，认为在我国出台针对管制性征收的具体规范之前，对《物权法》第 42 条即征收的规定进行扩大解释，将管制性征收这种情况涵摄入本条规定的范围之内，以解决目前请求权基础缺失的问题。[①] 这不失为一个在目前条件下可以考虑的暂时的解决办法。但是普通征收与管制性征收毕竟存在着很大的不同，其中一点就在于管制性征收的被征收主体在政府颁布产生这一效果的法律文件时很有可能是无法确定的。被征收的数额可能也是因人而异，通过统一的征收规定解决管制性征收问题，很有可能在实践中遇到无所适从的局面。因此，这种方法尽管可以解一时之急，但不应当是未来我国立法所采取的方式。

法律在规定了所有权限制与剥夺的同时如果规定了补偿与救济问题，那么此时要确定请求权基础当然并不困难。然而，如果法律规定了所有权的限制与剥夺，但是并未规定相应的补偿与救济，这种情况下在我国所有权人就不能进入诉讼程序获得补偿和救济。类似的情况在其他国家，则转化为了一国宪法中的财产权条款能否成为所有权人在具体诉讼中的请求权基础问题。就目前日本、德国和美国的司法实践来看，普遍采用了支持的态度。其中，日本的判例与理论通说认为如果政府对财产权采取了没有补偿规定的侵害性立法，该法律并不因此而构成违宪。然而受害者可以直接基于宪法的征收条款提起诉讼，主张损失补偿。德国联邦最高法院则承认公民在这种情况下享有选择权，既可以请求法院撤销这一造成财产限制行为的法律文件（基于其对财产产生侵害并且未作出补偿规定因而违宪），也可以接受政府的这一行为，直接依据宪法的征收条款要求损害补偿。然而这一观点在之后的一些判决中未被德国联邦宪

① 参见房绍坤、王洪平：《公益征收法研究》，中国人民大学出版社 2011 年版，第 57 页。

法法院接受:宪法法院认为如果没有补偿规定,这一法律文件就是确定违宪的,因而政府的限制行为也就是不合法的,此时所有权人只能向法院请求撤销政府的行为,而不存在所谓的选择权。[①] 美国的管制性征收请求权的问题在宾夕法尼亚煤炭公司诉马洪一案中就由霍姆斯大法官予以明确,直接将美国宪法第五修正案中的征收条款作为请求权基础,此后美国联邦和各州法院均遵循了这一先例。在美国的司法实践中,关注的焦点更多集中在如何区分所有权的正当限制和管制性征收的问题上。对于管制性征收的请求权基础的认定及重视的程度,或许也反映了大陆法系和英美法系的某些不同之处:大陆法系对于依据什么规定对权利提供救济这一问题比较重视;然而英美法系更多地关注如何救济权利,对于权利救济的基础则相对比较淡化。但是除了德国的态度目前尚有摇摆之外,美国和日本都非常明确地将宪法中的财产权征收条款作为管制性征收的请求权基础。

(二)所有权限制与管制性征收的界限

凡是承认管制性征收的国家,都在理论和实践中试图确定一般的所有权限制在何处终止,管制性征收又从何处开始。划分一般的所有权限制与管制性征收的界限是至为重要的,跨过这一界限,就从所有权的限制进入了所有权的变相剥夺,对这一界限的认定直接关系到所有权人能否获得补偿并能够继续享有所有权。但是要给二者划分一个明确并且具有可操作性的界限充满了困难,因为这涉及个案当中所有权人的利益与社会利益的平衡,而这并没有明确的标准。自从管制性征收进入法学家们的视野以来,针对如何判定管制性征收的存在,学者们先后提出了许多十分有参考意义的理论,有些也已经在各国的司法实践中采用,并且各种判断理论也在实践中逐步走向融合和合理化。以美国和德国为代表,目前采用的几种标准,对于我国未来的管制性征收司法实践有非常重要的参考意义。

① 参见房绍坤、王洪平:《公益征收法研究》,中国人民大学出版社 2011 年版,第 51～57 页。

1. 特别牺牲(或特别负担)理论

这种理论是目前比较有影响力的标准之一，在美国和德国的理论及实践中都有体现和讨论。特别牺牲理论起源于德国的个别处分理论或个别侵犯理论，最早由魏玛时代的宪法学家安序兹提出。他认为征收是一种对特定个人或特定群体中个人财产权利的侵害，只有在少数的个案中，才会出现因为公共利益的需要而对某些特定人的财产进行征收。如果法律对某项财产进行一般概括性的限制规定，并且所有人的该项财产都无差别地遭受到侵害，这就属于所有权的社会义务，而不构成可以请求补偿的征收。此后，这一理论被德国联邦普通法院在司法实践中予以修正，称为"特别牺牲理论"。法院认为，限制所有权的立法不可以违反平等的要求，凡是被法律明文作出规定的财产类型，均要无例外地、可预期地受到限缩，否则不符合自然法上的公平正义的要求。而征收则不然，征收是为了公共利益的需要而牺牲了少数特定人的利益，是不平等负担或者不平等损害的体现。正如德国联邦普通法院在适用这一标准的判决中所说的："公用征收……是一种法律所允许对财产权之强制干预，不论其形式是否为剥夺权利或附加负担，其对于个人或团体造成的干预，相对于他人乃属不平等、特别之干预……公用征收之特征为违反平等之原则……在于受强制且不平等待遇而为公众之特别牺牲。"[①]正是由于财产征收的这种天然的不公平性，意味着特定的、无义务的且不存在应当承担义务的特殊事由的人为国家或者社会的利益蒙受了特别的损失，因此这种特别的牺牲不应当由受到影响的特定人承担，而应当由公众平均负担，以实现征收中的公平性，这也正是征收补偿的正当性所在。因此，在德国的司法实践中，特别牺牲论提供了一个可以界定所有权的社会义务和管制性征收的标准，就是将之转化为与宪法上的平等权相联系的问题：不论国家对公民所有权的干预采取剥夺还是限制的方式，只要所有权人遭受的损失或者牺牲与他人相比是特别的、不公平的并且不可预期的，就应当被认定为构成征收，国家应予补偿；反之则属于所有权社会义务的范围，国家没有

① 转引自房绍坤、王洪平：《公益征收法研究》，中国人民大学出版社 2011 年版，第 39 页。

补偿的义务。

在美国的司法实践中尽管没有明确使用“特别牺牲”理论，但也体现出了这种理论的思想。此外，我国台湾地区也接受了这种理论，认为针对私人财产的限制达到“特别牺牲”的程度时，应当视为征收予以适当补偿。①

2. 实质损害论

这一理论主要在美国的判例中出现，认为只要公权力（或警察权）对所有权的侵害是持续的且实质的，即构成征收。它主要包含以下两种情形：一是所有权限制的结果导致对财产的持续性物理侵占；二是对所有权的限制已经达到了剥夺所有权或者妨碍了财产发挥其本来效用，或是在所有权人并不存在特殊事由的情形下剥夺财产在经济上的所有有益的用途。这一理论实际上包含了两个方面的内容，即财产的实质侵犯和财产的全部经济利益剥夺，以上两种情形都构成征收，国家应当予以补偿。

美国联邦最高法院判决的洛莱托诉曼哈顿有限电视公司（*Loretto v. Teleprompter Manhattan CATV Corp*）②一案，就是这一理论在第一种情形下的运用。1973 年纽约州立法规定，有线电视公司在为客户安装天线时，可以在房屋的屋顶或外墙上设置必要的装置，并且只需要向房屋所有人支付象征性的补偿（1 美元）。原告的房屋购买于 1971 年，房屋原所有人授权被告在其房屋外围设置有线电视的线路，被告 1969～1973 年每年以 5%的毛利润补偿房东。但是纽约州法规出台后，原告丧失了向有线电视公司要求补偿的权利。原告起诉认为，纽约州立法超出了警察权的范围，对他的财产构成了征收，并且应当予以补偿。州上诉法院认为，这一法令出台的目的在于促进公共利益，并未超出警察权的范围。然而上诉至联邦最高法院后，法院认为，被告所安装的设备已经对所有权人的财产形成了持续性的并且实质的侵占，强度已经超过了一般的财产权限制的范围，因此应当承认为征收。

---

① 参见翁岳生：《行政法》（下），中国法制出版社 2002 年版，第 1708 页。

② *Loretto v. Teleprompter Manhattan CATV Corp*, 458 U. S. 419(1982).

持续性的实际侵占否决了财产所有权人完全控制其财产的权利，尽管所有权人可以通过财产的转让来摆脱这种侵害，但是这种持续侵占很可能会导致财产价值的降低。对于这种情形下征收的认定标准，德国将其称为“实质减少理论”。[①] 认为如果公权力对人民财产权利的实质内容的影响已经剥夺或严重侵犯权利的本质或者根本的经济性功能，就应当被认定为征收。这一理论在德国并没有进入实务，而仅在学理上讨论。但是在美国，法院运用相似的理论解决上述第二种情形的案件，即通过判断财产被剥夺经济利益的程度来认定征收的存在。在美国，这一理论又被称为“全部经济价值剥夺”论。

“全部经济价值剥夺”论产生于20世纪90年代，是在美国的司法实践中较晚出现的一种标准。这一标准最早出现在卢卡斯诉南卡罗来纳海岸委员会(*Lucas v. South Carolina Coastal Council*)[②]一案中。本案的原告于1986年购买了南卡罗来纳州海岸外的一个岛屿上的两块住宅用地，他花费了巨资，并且打算对其进行商业开发。然而这一购买完成后两年，即1988年，南卡罗来纳州制定了一部海岸管理法。该法案将海岸线一定距离之内的地带划为保护范围，禁止在近海地带建造任何永久性建筑。原告对于这一法案出台的积极意义和目的正当性并无异议，但是主张这部法令的执行应当伴随合理补偿。联邦最高法院认定了本案中征收行为的存在，并判决原告有权获得补偿。在判决中，史卡利大法官认为，当不动产所有人由于公共福祉的需要而被要求牺牲其财产具有经济效益的全部使用方式时，这项财产就在经济上变得毫无意义，所有权人则遭受了征收。这一判例所采用的所有权的限制与管制性征收之间的界限体现了管制性征收的本质所在。

3. 期待可能性理论

期待可能性理论主要是被德国联邦行政法院在司法实践中运用的理论，这一理论以国家对公民财产的限制程度作为所有权的社会义务和管

① 参见陈新民：《德国公法学基础理论》上册，山东人民出版社2001年版，第429页。

② *Lucas v. South Carolina Coastal Council*, 505U. S. 1003(1992).

制性征收的区分。因此，判断某项立法是否构成管制性征收，关键在于这一立法的严重程度、产生的效果以及它对所有权人造成的影响强度。这一理论认为，如果立法并未对所有权构成本质上的侵害，而只是一种可以预见或是所有权人可以忍受的轻微损害，那么这一规定就是所有权应当承担的社会义务。但是如果这种负担在程度和范围上都非常严重，已经超出了可以期待的所有权人的忍耐限度，以至于对所有权人构成了特别牺牲，则必须认定为构成征收并且予以补偿。[①]

特别牺牲理论和期待可能性理论分别被联邦普通法院和联邦行政法院在司法实践中采用，但是在法院作出判断时，这二者显然是可以互相补充的。因此，德国法院采用的标准实际上是二者结合的：违反平等原则、造成了个别或者特定群体的所有权特别牺牲，并且这种牺牲是严重并且不具有期待可能性的。

当然，对于是否构成管制性征收的判断，可以采用的标准应当是一个体系，而非单一标准，因为每一种判断标准在特定的案件中都具有其合理性，而在个案中应当采用何种理论进行认定，可能也需要针对个案的事实加以选择。早在宾夕法尼亚煤炭公司诉马洪一案中，霍姆斯大法官就曾经指出，对这一问题的认定取决于个案特定事实。我们确实很难按照某一特定标准划定一条明确并且通用的界限以区分所有权的社会义务和管制性征收，法官不得不在个案中综合多种因素考虑，在平衡各方利益后作出最终的判断。因此，目前在美国学界占据主导地位的观点就是“多因素平衡论”，但这一理论显然在学理上的价值要远大于它在实践中能够起到的指导性作用。

（三）管制性征收的法律救济

就目前美国和德国的司法实践来看，法院主要为所有权受到政府行为过度限制的所有权人提供两种救济：一种是宣告未规定合理补偿的法律文件违宪并予以撤销，从而使造成所有权人损害的行为彻底归于消灭；另一种则是由法院判决支付所有权人一定的金钱，作为政府管制性征收

---

① 参见张翔：《财产权的社会义务》，《中国社会科学》2012年第9期。

行为导致所有权人受到损害的合理补偿。而为管制性征收建立起良好的补偿制度，不仅是在公权力与私人权利之间达致平衡，实现法律对公民权益的保护，更加是对公权力的一种限制，防止在财产权限制方面出现权力滥用。在我国未来的立法中，出于现代政府社会管理的目的，对管制性征收的救济应当采用经济补偿为主，在特殊情况下才涉及对法律文件的合宪性的考察。

1. 建立以经济补偿为主的救济制度的理由

首先，在对所有权人构成管制性征收的法律文件中未规定合理补偿，并不能消灭大多数情况下这一法律文件的目的正当性和采取限制性措施的必要性。如果将此类文件一律认定为不符合上位法并宣告无效，很有可能造成立法机关为了实现社会治理的目的而再一次进行立法，对立法成本和立法效率都有负面作用。在这种情况下，由法院判决支付所有权人合理补偿可以达到两全其美的效果，既实现了法律文件出台的目的，又避免了政府的行为为所有权人带来不合理的限制。

其次，我国的立法机关与司法机关的权力架构与职能分配情况也使金钱补偿在实践中更具有可操作性。在我国目前的民事与行政诉讼中，只涉及法律法规的适用问题，并不会对法律文件是否符合上位法规定作出裁判。因此，在目前立法与司法机关的分工之下，期待通过司法机关认定法律文件的违宪从而宣告无效是不符合我国的实际情况的。但是对于征收补偿的问题，我国法院则在实践中经常解决，累积了宝贵的审判经验。因此，我国采用以金钱补偿为主的救济方式更加符合我国的审判实践，也更容易实现。

最后，我们当然不否认，在实践中确实可能存在特殊的情况，即出台的具有普遍约束力的法律文件的实施违背了上位法的规定，或是违背了合理性、合比例性的原则。例如，法律文件目的的合理性并不能使其所采取的限制方式正当化，抑或是所采取的限制方式对所有权人造成的损害与立法所追求的目的明显不成比例。此时单纯地给予金钱补偿已经不能解决法律文件产生的问题，必须对文件本身重新进行考量。这要求国家立法机关以积极的态度对已经出台的法律文件进行实施后的审查与评估，对于出现以上问题的文件及时予以修订，避免不良的法规在社会中继续运行从而带来更多的负面后果。

2. 管制性征收经济补偿原则的确立

当一项财产权限制被法院认定为管制性征收后，随之而来的就是补偿程序，而这一程序的核心问题就是对补偿标准的认定。根据其他国家的补偿标准，目前可以概括为两大类做法，即“完全补偿”和“适当补偿”。持“完全补偿”观点的国家通常认为，对于公民因为公共利益而受到的特别牺牲，国家都应当予以补偿，标准则是使相对人的财产恢复到完满状态。甚至有更加深入的观点认为，补偿不仅应当包括行政行为所导致的直接损失，还应当包含伴随管制性征收而发生的一切附带性损失，只有这样才是对财产权人的充分有效保护。从保护公民权益的角度来看，这种做法确实是最为公平合理的，但是却可能为国家带来难以承受的经济负担。“适当补偿”的观点则认为，公民遭受这种损失的时候，并非全额补偿才意味着充分和公平合理。当法院对公民所遭受的财产损失给予补偿时，可以权衡当事人受损的情况以及公共利益，并在此基础上按照客观公正的标准确定数额。在实际运用中，这种做法显然更加具有灵活性，侧重于利益衡量，但是对于“公正合理”的实现则有赖于法官在个案中的判断。

从我国目前的征收实践来看，采取的补偿标准既有“适当补偿”，又有“完全补偿”。例如，1998 年《中华人民共和国防震减灾法》和 2004 年的《中华人民共和国土地管理法》中，都将标准设定为“适当补偿”，而在新出台的《国有土地上房屋征收与补偿条例》中尽管没有明确写出，但实际上采取的是“完全补偿”的标准。可见，尽管我国目前行政立法中仍然存在补偿标准不统一的问题，但是发展方向则倾向于充分保护公民权益的“完全补偿”标准。不论从社会发展、权利保护和法治建设考虑，还是从公平正义角度出发，坚持“完全补偿”标准，应当是未来我国行政补偿的大势所趋，这有利于公民权益的真正实现。但是在此基础上，借鉴“适当补偿”标准的灵活性仍然是十分必要的，在管制性征收的补偿问题上尤其如此，至少在政府的限制行为不仅为公民带来损害同时也带来利益的情况下，应当以损益相抵的方式减轻或免除国家的补偿责任。

第二节 立法后评估制度的完善

2015年修改的《中华人民共和国立法法》第72条第2款规定:"设区的市的人民代表大会及其常务委员会根据本市的具体情况和实际需要,在不同宪法、法律、行政法规和本省、自治区的地方性法规相抵触的前提下,可以对城乡建设与管理、环境保护、历史文化保护等方面的事项制定地方性法规,法律对设区的市制定地方性法规的事项另有规定的,从其规定。"第82条又规定:"省、自治区、直辖市和设区的市、自治州的人民政府,可以根据法律、行政法规和本省、自治区、直辖市的地方性法规,制定规章。"这意味着立法权向所有设区的市开放,更为地方立法的质量以及法律文件与现实社会的适应性提出了挑战。在这种需求之下,"立法后评估制度"再次成为关注焦点。立法后评估是对行政立法文件的立法质量和实行效果进行评价和再思考。它作为一项加强和改进立法质量的重要制度,一般是指在法律、法规和规范性文件颁布实施一段时间后,由特定主体对该法律文件的实施情况、取得的成效、存在的问题等进行分析和评价,并在此基础上对立法质量和价值进行评价。这一制度的设立目的在于更好地实施、修改和完善法律法规,并为未来相关立法提供借鉴和指导。①

早在21世纪初,我国就提出了行政规章的立法后评估。立法后评估工作在我国的实践经历了由地方试点到国家稳步推进的发展过程。2000年以来,包括山东省、广东省、甘肃省等多个省份都开展了"回头看"的立法后评估工作。

2004年,国务院发布《全面推进依法行政实施纲要》,对行政规章立法后评估作出了明确规定:"积极探索对政府立法项目尤其是经济立法项目的成本效益分析制度。政府立法不仅要考虑立法过程成本,还要研究其实施后的执法成本和社会成本。""建立和完善行政法规、规章修改、废

① 参见陈书全:《论立法后评估常态化启动机制的构建》,《现代法学》2012年第2期。

止的工作制度和规章、规范性文件的定期清理制度。要适应完善社会主义市场经济体制、扩大对外开放和社会全面进步的需要，适时对现行行政法规、规章进行修改或者废止，切实解决法律规范之间的矛盾和冲突。规章、规范性文件施行后，制定机关、实施机关应当定期对其实施情况进行评估。实施机关应当将评估意见报告制定机关；制定机关要定期对规章、规范性文件进行清理。”基于这两条规定，我国确立了行政立法的立法后评估制度。从 2006 年开始，国务院法制办公室连续三年开展了立法后评估试点工作；2004～2007 年，据不完全统计，北京、上海、福建、海南等十余个省市和深圳、大连、青岛、宁波等拥有地方立法权的市也先后开展了立法后评估工作。2008 年 3 月，《国务院工作规则》将行政法规立法后评估工作纳入其中，明确规定：“行政法规实施后要进行评估，发现问题，及时完善。”全国人大常委会 2011 年工作报告中指出：“要把立法后评估作为加强和改进立法工作的一项新举措，在总结试点经验基础上有序展开，通过多种形式，对法律制度的科学性、法律规定的可操作性、法律执行的有效性等作出客观评价，为修改完善法律、改进立法工作提供依据。”以上文件的出台意味着立法后评估工作在我国正在步入制度化和规范化的轨道，但是立法后评估对于许多新获立法权的地市而言仍是一项新工作，存在诸多复杂因素，在理论和实践方面都仍处于试验和探索阶段。因此，对这一问题的研究和讨论无疑具有十分现实的意义。

一、立法后评估的理论依据

（一）回应型立法

我国采用的是成文法，其优势在于稳定性和明确性。成文法能够通过相对确定和稳定的法律规则，实现法律引导人们行为、规范社会秩序的作用。但是无论多么精心设计的法律制度，都无可避免地会出现成文法固有的缺陷。人的理性是有限的，无法准确预估未来的社会发展动态，因此作为人类理性判断和预测的产物，法律制度在适应社会发展变化方面必然存在一定的滞后性和僵化性。目前我国处于社会急剧变革时期，价值多元化和矛盾多样化都对法律制度提出了更高的要求。为了适应迅速变化的社会环境，避免法律制度的滞后性为社会生活造成负面的影响，我国的立法应当具有回应性，即随着社会的变化，法治也据此作出相应的改变。[①] 这就要求立法机关在复杂的社会环境之下，构建起与社会变动相适应的规范体系。成文法本身的稳定性是与这一要求相悖的，因此，需要通过外来的力量推动法律制度变革，评估现行法律规范能否满足社会经济发展的需求，以便及时修订和完善法律制度。立法后评估就是能够推动法律制度变革的外在力量之一。[②]

（二）法律实效理论

“法律实效指的是国家实在法效力的实现状态，是应然的法律效力实然化的情形，是法律主体对实在法权利义务的享有和履行的实际状况。法律实效在实质上表达着法律的实现过程。”[③]法律的生命在于施行，法律唯有转化为人们在实际生活中的行为准则，才能成为社会秩序的维护者和权利的保障者。立法后评估正是对法律实施状况的反馈，是对法律实效性的检验。一方面，建立在法律实效基础上的立法后评估，通过对法律的预期效果和法律实效进行对比，可以较为全面地了解法律实施的成果以及制度设计目的的实现程度，同时反映出立法质量。另一方面，立法后评估可以对法律实施过程中出现的问题及时予以修正，鉴于立法质量对法律实效的关键作用，立法后评估能够正面推动法律实效最大化的实现。

（三）公权力自制理论

公权力自制，其实更多地是指行政权力的自我约束，从而使权力在合法合理的区间内运行，是行政主体对违法或不当行为的自我控制，包括自我预防、自我发现、自我遏制、自我纠错等一系列机制。[④] 相对外部限权而言，它是公权力的自我约束和限缩，目的在于避免权力滥用。在我国，

① 参见张文显：《二十世纪西方法哲学思潮研究》，法律出版社 1999 年版，第 37 页。

② 参见叶慧娟：《立法后评估制度的理论基础探析》，《科学·经济·社会》2011 年第 1 期。

③ 谢晖：《论法律实效》，《学习与探索》2005 年第 1 期。

④ 参见崔卓兰、刘福元：《行政自制——探索行政法理论视野之拓展》，《法制与社会发展》2008 年第 3 期。

除国家立法之外，行政法规和规章是法律体系中数量最大、涉及面最广、对社会公众影响最深的一类，但是依据我国现行的立法体制，对行政法规和规章的外部监督较为薄弱，尤其“我国目前并未实行对立法的司法审查，因此也就丧失了对行政立法的一道最具约束力的监督防线”[①]。立法机关通过全面系统分析行政法规和规章的实施情况，在系统内部发现立法文件存在的问题，及时纠正，有助于从源头上遏制违法或不适当的法律文件的存在，也有利于加强立法权和执法权的自我监督。

二、我国立法后评估制度存在的问题

经过十余年的探索与实践，我国的立法后评估工作积累了一定的经验，然而总体上仍然十分薄弱，没有形成统一的评估体系，评估主体、评估标准、评估方法、评估程序以及评估结果的使用等方面还存在较多的缺陷。

(一)评估主体的多元化程度不高

根据国务院 2004 年颁布的《全面推进依法行政实施纲要》的规定，我国现行的行政规章立法后评估的主体是制定机关和实施机关。事件中当然也存在行政机关委托第三方进行评估的情形，尤其是在十八大之后，立法工作更加强调社会多方参与。但是从实施情况来看，社会公众、专家学者以及相关利益群体的参与程度并不高，一定程度上影响了评估结果的科学性、客观性以及公正性。而且在具体操作中，很多评估工作是下放到基层行政机关进行的，基层行政机关的工作人员如果未受过相关培训，对评估结果的科学性和权威性都会产生负面影响。

(二)没有形成统一的评估标准

我国的立法后评估制度起步较晚，对于立法的评估指标未达成统一。实践中有些省市对立法后评估的标准进行了规定。例如，《苏州市规章立法后评估办法》规定，规章立法后评估的标准体系包括合法性、合理性、可

---

① 崔卓兰、杜一平：《我国行政规章的事后评估机制研究——规章制定权扩张与监督权萎缩的非对称性分析及其解决》，《法学评论》2011 年第 5 期。

操作性、协调性、绩效性和立法技术；《广东省政府规章立法后评估规定》则将立法后评估标准体系规定为合法性、合理性、可操作性、协调性、实效性和规范性。尽管已规定立法后评估标准的省市，其标准体系乍看之下大同小异，但实际上都过于笼统、过于原则化，各项评价标准的具体指标和所占权重也不明确，实践中操作难度很大。

（三）评估方法的科学合理性难以保证

立法后评估的评价方法目前被采用较多的是问卷调查和座谈会等实证调查法，但随着这一制度的逐渐落实，评估方法也逐渐更加多元，走向规范化和细致化，现在也开始采用成本效益分析法和对比分析法等新型的评价方法。但是总体而言，在评估方法的选择上，仍然存在随意性和盲目性较大的问题，更多地采用定性分析方法而非定量分析方法，在反映立法质量情况时，较难给出指向性明确的分析结果，影响评估的科学性。

（四）对评估结果的使用不够充分

立法后评估的目的在于评估结果能够指导立法工作的改进，而非仅在于评估法律文件本身。但是目前看来，评估结果并未得到足够的重视，也未能充分发挥其应有的作用。首先，多数立法后评估的结果并不对社会公众公开，而仅作为内部资料报送，公众难以知情。其次，对评估结果如何使用，并没有形成制度化的要求，评估方本身也缺乏充足的动力利用立法后评估的结果。最后，没有相应的配套措施保证评估结果的具体落实，尚未形成由立法后评估结果发动的法律文件修改或废止的机制，难以发挥评估结果的作用。

三、国外立法后评估制度借鉴

（一）英国的立法后评估制度

英国是最早出现行政立法制度的国家之一，立法后评估制度早在1968年便已建立。英国本身并不以成文法为主，立法后评估更多的是从公共政策的绩效评估角度出发。当时的英国皇室土地局、国内税务局及就业部发布各自部门的整体生产率指标，并拟定各种绩效指标用以衡量下属机构对其政策目标的实现情况。1985 年，英国贸易工业部通过"放松管制决议"，最早把成本收益评估作为立法效果评估的重点。英国的立法后评估是在 20 世纪 90 年代趋向成熟，体现为政府通过一系列改革措施和法案对立法后评估制度进行了系统规范。1996 年，英国政府成立"立法效果评估组"，负责对所有的中央立法项目进行效果评估。制定于 1998 年的"良好规制原则"和 2001 年实施的《规制改革方案》则成为英国立法后评估制度成熟的标志。英国从此开始全面推行立法评估，法律文件的制定和实施都需要进行初始、跟踪和后续的评估，评估指标则包含经济、社会、环境三方面的效果。

（二）美国的立法后评估制度

美国的立法后评估制度同样兴起于 20 世纪 60 年代，经过三十年的发展，最终在 20 世纪 90 年代得到完善。1980 年制定的《灵活规制法》要求联邦各部门对于可能"对大量小企业产生重大的经济影响"的规章进行定期评估；1992 年美国政府进行了一次全面的规章评估，要求保证规章的及时性、兼容性、有效性以及减少不必要的规制负担。美国的立法评估包括立法前评估和立法后效果评估，主要采用成本—效益分析法。成本中包含经济规制成本、社会规制成本和文件规制成本；收益则是根据具体的规制对象和要达到的目标，折算未来收益进行估算。

（三）德国立法后评估制度

德国于 20 世纪 70 年代开始尝试通过某些标准和程序来检验法律的实施效果，并作为以后的法律和政策制定时的有益参考。20 世纪 90 年代，立法后评估在德国成为一项重要的立法制度，之后德国内政部编写了《立法效果评估手册》，将这项制度加以推广。从评估主体看，德国立法成本效益分析与评估工作由法规评估委员会和执行成本评估委员会具体负责。法规评估委员会由总理府直接领导，是独立的工作机构，不隶属任何一个政府部门。它的职责是对各部门提交的法律、法规进行审查评估。执行成本评估委员会属于非常设机构，成员来自高等院校或相关研究机构，由内政部根据立法项目进行组织，评估重点在于对设定给付义务规定的类型和合理性进行评估。德国立法成本效益分析预评估包括法律实施前的预评估、伴随性评估和法律实施后效果评估三个阶段。[①]

(四)日本的立法后评估制度

日本的立法后评估制度始于20世纪90年代中叶，与其他国家相比，日本并没有专门的“立法后评估”这一概念，而是以“行政评价”“政策评估”等概念表示效果等同于立法后评估的一系列行政活动。日本在行政立法后评估制度中强调充分吸收群众的意见以及对评估结果的重视和利用，并且创造了独立型和附带型评估模式。评估内容则包含法律政策的必要性、有效性、效率性以及实施状况。

(五)国外立法后评估制度的特点及借鉴

尽管国外立法后评估制度并无一个固定统一的模式，在评估主体、评估对象、评估内容和评估程序上也各有千秋，但是各国立法后评估制度所体现出来的一些共同特点十分值得我国借鉴。

第一，立法后评估应当强调吸纳公众的意见与建议。立法后评估制度建立的目的就是反馈法律法规在现实中的运行效果，而对于这一问题，公众是最有发言权的，强调公众意见对立法后评估的重要性，也是对民主立法的体现和贯彻。公众既要成为评估信息来源的提供者，也要成为评估过程中磋商的重要主体。第二，有相对确定且多元化的评估主体。这一特点尤其体现为对第三方评估机构的运用。尽管各国基本都有专门的官方机构对法律法规进行立法后评估，但近几年第三方评估机构的作用逐渐受到重视，其优势表现为专业性、中立性和公正性。[②] 第三，立法后评估的结果要落实到法规的进一步完善上。评估本身并非这一制度设立的目的，只有通过立法后评估活动，充分听取利益相关人的意见，对法律法规实施后的效果进行客观公正的评价，才能发现法律文件制定中可能存在的问题，也才有可能对这些问题进行化解和完善。只有将评估结果用于指导法律法规的制定与修改，才能真正实现立法后评估的制度设计目的。

---

① 参见刘晓艺：《德国和欧盟的立法效果评估制度》，《政府法制参考》2005年第10期。

② 参见李瑛、康德顺：《政策评估的利益相关者模式及其应用研究》，《科研管理》2006年第2期。

四、我国立法后评估制度的完善

(一)确定统一的评估主体

立法后评估是一项专业性很强的工作,评估主体的选择会直接影响到评估结果的权威性和公正性。实践中,我国多选择法规规章的制定机关和实施机关作为评估主体,这既包括制定机关和实施机关单独评估、两机关共同评估,也包括制定机关和实施机关委托第三方评估机构进行评估。即使是第三方机构受委托进行评估,其中政府主导的色彩也比较浓。因此,目前的立法后评估制度在评估主体的选择方面颇受批评,认为评估结果无法摆脱部门利益的影响,很难做到客观与公正。目前就立法后评估的评估主体选择,主要有三种观点。

第一种观点是设立专门的评估机构,理由在于由专门的评估人员进行这一活动可以提高评估的科学化水平。同时,专门的评估机构独立于制定单位和实施单位,不存在自身部门利益,能够提高评估的客观公正性。[①] 第二种观点是以公众为评估主体,理由在于目前的立法后评估仍然忽视公众的意见,而以公众作为评估主体能够使这一工作真正产生实效,也能有效避免立法后评估过程中可能的不客观和不公正。[②] 第三种观点认为立法后评估的主体应当是制定机关。其理由有四:一是有利于提高评估效率和评估效果,二是避免实施机关在评估中夹带部门利益从而导致结果不公正,三是设置专门的评估机构不符合我国目前机构改革的总体思路和要求,四是制定机关作为评估主体与委托第三方机构进行评估并不冲突。[③]

根据立法后评估的功能定位,笔者认为由法规规章的制定机关作为评估主体较为妥当,原因在于:第一,立法后评估实际上是立法工作的延续,由立法机关进行评估,保证了专业人员的参与。第二,立法机关对所

---

① 参见陈美华、林纯青:《地方立法效果评估制度初探》,《人民论坛》2010 年第 4 期。

② 参见胡峻:《行政立法后评估中的公众参与》,《云南行政学院学报》2009 年第 5 期。

③ 参见张禹:《立法后评估主体刍议——以地方行政立法后评估为范本》,《行政法学研究》2008 年第 3 期。

评估的立法项目的熟悉程度高,掌握大量立法和执法信息,相较于其他主体在信息取得方面具有优势。第三,由立法机关组织实施立法后评估,能够为将来法规和规章的制定、修改、废止提供更为直接的依据,也有利于立法后评估的结果直接促进立法工作的进步。第四,我国立法后评估机制尚不健全,社会监督与公权力约束也不够完善,公众参与能力有待提高,尚不具备完全由社会主导的立法后评估的条件。尽管就目前而言,由制定机关实施立法后评估是更为妥当的办法,但是不可否认,如果制定者和评估者完全相同,评估的公正性如何保证就成为更重要的问题。因此,在确定立法后评估由制定机关主导的大前提之下,要尽可能扩大评估参与者的范围,包括并不限于法规规章的执行机关、利益相关人、专家学者和社会公众等群体。

(二)建立明确的评估标准体系

评估标准是立法后评估的载体,是评估内容的外在表现,是检验法律文件的基本标尺和准则。评估标准体系的科学性和合理性都在很大程度上影响着评估结果的质量。对于法规规章的立法后评估标准,我国并没有形成统一的模式。实践中有的对评估标准进行原则性规定。如《国土资源部规章和规范性文件后评估办法》规定,规章后评估标准包括合法性、合理性、可操作性和实效性等。有的采取原则性标准和列举相结合的模式。如《宁波市政府规章立法后评估办法》规定,评估内容为立法技术、立法内容和实施绩效,其中立法技术和实施绩效两部分采用列举方式规定了若干标准。

对于如何建立统一的立法后评估标准体系,学界提出了许多主张。例如,有学者认为评估标准应当包括实效性、制衡性、回应性标准[①];有的学者认为应当包含合法性、合理性、实用性、效益型和技术性标准[②];还有学者主张应当包含法理标准、实践标准、实效标准和技术标准[③];等等。

① 参见崔卓兰、陈瑜:《构建行政规章自我评价的法律机制》,《社会科学战线》2014年第6期。

② 参见陈建平:《行政立法后评估的标准》,《行政法研究》2008年第9期。

③ 参见黄显鸿、熊彬等:《立法后评估研究——以安徽省政府规章测评实践为例》,《安徽大学法律评论》2012年第1期。

从已有的观点和实践操作可知，目前的立法后评估标准主要是从三个方面确立的：立法技术的评估、立法内容的评估和立法效果的评估。立法技术的评估是一种对立法形式的评估；立法内容则针对文件本身合法性、合理性、协调性和可操作性等方面进行评估，是涵盖内容最广的一项评估标准；立法效果的评估则是针对法律文件的实施效果进行评价。综上，笔者认为，法规规章的立法后评估可以确立以下五项评估标准：

一是合法性标准。这是立法后评估的首要标准，即对法规规章等文件的原则、精神和规范进行是否合乎法律的衡量和判断。主要体现为法律文件是否符合宪法和上位法的规定、是否存在越权立法以及制定程序是否合乎法律规定。二是合理性标准。合理性标准在实践中是一种难以摆脱立法者和评估者主观色彩的标准，因此较难把握。周世中教授认为："立法内容的合理性主要表现为合规律性和合利益性。"[①]判断法律文件是否符合合理性的标准，主要从以下方面考察：法规规章等法律文件是否适应社会发展的需要、法律文件设定的目标是否科学合理、权利和义务的配置是否合理、制度设计是否合理、与相关法律法规的衔接是否恰当。三是可操作性标准。可操作性标准主要是对法规规章和规范性文件规定内容的针对性和现实中具体的操作性进行综合评价。其中可以包含多个评价指标，如规范内容及其措施是否被公众广泛知晓、制度设计是否具有实际针对性、执行措施是否具有灵活性和实用性、执行程序是否公正且便于操作等。四是实效性标准。法的生命在于实施，规则的作用只有通过实施才能体现。立法后评估最重要的一个方面就是对法律文件实施后达成的效果进行评价，全面了解法规规章实施情况、实施成本和实施效益，立法目标是否得以实现，实施过程中是否出现未预料到的附带损害等。实施效果则要从社会效果、经济效果和环境效果等多个方面进行评价。五是技术性标准。技术性标准主要是从立法技术方面对法规规章的规范性进行评价。事实上，对立法技术进行评价是立法前评估的重要内容。因此，在立法后评估中提出技术性标准，只是作为一项辅助性指标，对立法

① 周世中：《法的合理性研究》，山东人民出版社 2004 年版，第 318 页。

前评估进行补强，以弥补事前监督可能存在的不足或疏漏。技术性标准主要包括文件名称是否规范、结构是否符合程序法规定、体系是否完备、语言是否规范准确等。

（三）选用科学的评估方法

立法后评估是一项技术性很强的工作，涉及立法技术、法律文件的执行情况、实施的制度背景和社会环境等多层面内容，评估方法的科学性和合理性直接影响评估结果的有效性和参考价值。我国目前各省市在实践中已经采用了多种评估方法，如实地调研、座谈、问卷调查、专家论证、数据分析等。从采用各种方法所达成的目的来看，评估方法基本可以分为两类：一类是为评估而收集相关信息，也可以称为“实证分析法”；另一类则是对收集的信息进行分析得出结论，目前应用最多的是成本—收益分析法。

1. 实证分析法

实证分析法是最为基本的收集信息的方法，是对法律文件进行评估的基础。依据收集信息的方式不同，可以分为实地调查访谈、专家座谈、公开征求意见、问卷调查等。采用实证分析法，尽可能客观全面地收集信息，有助于使评估工作摆脱评估者的主观性，增强立法后评估的客观公正性，据此得出的结论才更有实际参考意义。

2. 成本—收益分析法

成本—收益分析法是将法规规章的实施成本与其所达到的效果进行权衡比较，在此基础上判断规则设计是否可取，是经济分析法的一种。法规规章的实施成本包括立法成本、执法成本和公众守法成本；法规规章的“收益”则包括文件实施所产生的社会效益、经济效益和环境效益等。[①] 成本—收益分析法有助于实现决策的经济理性，但是将经济学分析方法运用到法学领域存在一定的局限性，即难以将文化、政治和社会等多方面因素以定量的形式引入分析模型中。因此，成本—收益分析法需要结合其他分析和评估方法，才能得出更为合理的评估结果。

① 参见崔卓兰、陈瑜：《构建行政规章自我评价的法律机制》，《社会科学战线》2014年第6期。

综上所述，在立法后评估过程中，多种评估方法应当综合应用，根据实际情况进行科学合理的选择，同时也要为社会公众的广泛参与和意见表达提供顺畅渠道。

（四）重视评估结果的使用

立法后评估工作的目的在于使用评估结果，即通过评估结果使之前的立法活动得到矫正，完善已出台的制度，并为以后的立法活动提供参考和借鉴。

一是改进和完善立法、执法活动。制定机关根据立法后评估报告，结合具体情况，制定相应立法计划，对法规规章和规范性文件进行相应的立、改、废、释，使法律文件和法律体系更加完善。同时，根据评估报告中反映出的执法部门在执行过程中存在的问题，对执法机关的执法活动实现监督，有效改进执法工作，提高服务水平。二是加强公众对立法活动的监督。立法后评估的结果及其形成过程应当对社会公众公开，使整个评估活动置于公众监督之下。这样不仅有效保障公众应有的知情权，也能确保评估的公正性，提高评估结果的社会接受程度。公众参与立法后评估也是参与立法工作的一种形式，在全面推进依法治国的背景之下，保障和促进公众参与立法活动也是立法机关必须履行的职责。

立法后评估是立法制度的重要组成部分，能够通过立法机关的自我监督遏制违法或不当的法律文件的出现。立法后评估也有利于保证法规规章的制定符合社会实际，适应现代社会经济发展的要求。现在立法后评估逐渐受到重视，相信未来构建起一个科学合理的立法后评估制度，最终能够实现这一制度在提高立法质量、改进立法工作和促进立法活动良性循环等方面的作用。

第三节　传统权利救济途径的完善

一、权利的司法救济路径完善

通过司法途径为受限制的所有权人提供救济应当是在实践中最有效的方法，因为它不但能够解决针对所有权的限制性措施的合法性问题，还能够在措施合法正当的前提下，有效解决对受有损失的所有权人的补偿问题。因此，未来在行政和民事司法框架下对这类纠纷的受理和补偿机制的构建都是十分重要的。

(一)强制性规范在司法中的解释方法

为了促进和实现公共利益，通过强制性规范的形式对私权自由进行限制已经成为了不可逆转并且日益强大的潮流。在这项庞大的工程之中，无论立法者如何设计这些强制性规范从而介入原本的私权自由的领域，法院所担任的角色可能更为关键。只有法院才能在司法过程中实现对强制性规范的事后审查，从而不仅将立法效果反馈给立法机关，而且避免这些强制性规范在现实中造成与立法目的不相符合的结果，甚至对个人私权自由的过度侵犯。因此，在司法过程中对强制性规范的解释，关系着强制性规范在现实中的作用效果以及司法审查的有效性。

强制性规范尽管可能来自于民法、行政法等不同法律部门，但其本质仍然是法律规范，因此在解释方法和原则上与一般法律规范的差别不大，如文义解释、历史解释、体系解释、目的解释和合宪性解释都同样适用。但是对法院而言，相较于其他规范，在适用强制性规范时值得特别关注的解释方法当属目的解释和合宪性解释。

1. 目的解释

对强制性规范进行目的解释，即探求立法者在制定这一规范时所作出的价值判断及所欲实现的立法目的[①]，实际上是对立法者意思的一种

① 参见杨仁寿：《法学方法论》，中国政法大学出版社 1999 年版，第 162 页。

推断。苏永钦教授在谈到强制性规范的解释方法时，特别强调了对规范的合目的性的解释："具有强行规范性格的某些法令和习惯，即以行为的管制为其目的，则在解释方法上合目的性的观点很自然地会优于其他观点，各种迂回手段可能会被定性为'脱法行为'而排除其法效……但在扩大打击面以协助管制目的的落实以外，目的取向的解释常常也会导向规范使用的限缩，使国家的强制在私法自治领域要能'见好就收'……使其免于不必要的扭曲。"[①]法官对强制性规范进行目的解释，是对其进行目的妥当性和手段必要性判断的必然过程。只有明确了立法的目的，结合实际情况，才能谈得上对运行效果的事后评价。例如，在前文提及的"禁摩"案件中，依据行政法上的强制性规范，所有权人购买的摩托车不能上路行驶，那么销售和购买行为本身是否是允许的呢？如果销售购买行为仍然是允许的，那么允许购买却不允许使用似乎不合情理；如果不允许销售购买，则涉及对契约自由的干涉，其法律依据何在？销售者的损失又如何填补？法院必须要根据这一"禁摩令"的目的，才能对此进行判断。而通过目的解释对立法原意的反推，结合实施状况，似乎也能够对强制性规范本身的合理性作出有效的判断。

2. 合宪性解释

合宪性解释即根据宪法的规定对下位法的规范进行解释。这实际上是对下位法规范合法性和正当性的检验。之所以要对法律规范进行合宪性解释，是因为宪法在一国法律体系中处于最高的位置，是一切下位法的效力来源，它决定了整个法律体系的基本原则和价值判断。部门法中的权利实际上是宪法所规定的公民各项基本权利在下位法中的具体化。在这个意义上，对限制权利自由的强制性规范进行合宪性解释是必要的，因为强制性规范所限制的权利正是基本权利的体现，只有强制性规范本身合宪，才初步具有限制权利的正当性基础。更有学者认为，合宪性解释在民法领域实际上就是针对强制性规范而设置的，因为任意性规范的运行只是为了补充当事人意思表示的不足，是可以选择或排除适用的，并不体

① 苏永钦：《私法自治中的国家强制》，中国法制出版社2005年版，第62页。

现宪法所建立的价值秩序,而这一秩序是通过强制性规范在私权体系中贯彻和体现的。[①] 合宪性解释本身也能够尽量填补立法的疏漏,避免规范的运行造成权利损害。

在对强制性规范进行解释的时候,司法机关所秉持的原则仍然应当是对私权自治的尊重。如果对强制性规范的解释中,针对其是否具有公共利益的目的或者是否合宪不甚明确,则应当作出有利于私权自治的解释,而非有利于公权力扩大化运行的解释,以免有害自治。按照苏永钦教授的观点,即"有疑义,从自治"。当然,这样的判断实际上仍然是结合了前文所提到的比例原则的要求,是法益均衡原则在实践中的体现。

(二)扩大行政诉讼受案范围,消除权利救济真空

1. 我国民事与行政诉讼受案范围的规定与救济真空的存在

我国现行的《民事诉讼法》第 3 条以概括的形式对民事诉讼的受案范围作出了规定:"人民法院受理公民之间、法人之间、其他组织之间以及他们相互之间因财产关系和人身关系提起的民事诉讼。"在实践中,通常将民事诉讼的受案标准解读为发生在平等的民事主体之间的民事权利纠纷,包括受民法调整的民事主体之间的财产关系和人身关系引起的纠纷、受劳动法调整的劳动关系所引起的依法适用《民事诉讼法》审理的劳动争议纠纷、法律规定的适用《民事诉讼法》审理的其他纠纷或事项。

我国的《行政诉讼法》和最高人民法院相关司法解释对我国行政诉讼的受案范围通过概括规定、肯定列举和否定排除的方式作出规定。根据《行政诉讼法》第 2 条、《最高人民法院关于执行〈中华人民共和国行政诉讼法〉若干问题的解释》第 1 条,公民、法人和其他组织对行政机关及其工作人员的行政行为不服,认为其侵犯自己合法权益的,可以提起行政诉讼。这是对我国行政诉讼受案范围的概括性规定。《行政诉讼法》第 12 条又对概括性规定中所称的"具体行政行为"作出了规定,列举十二种行政诉讼受案范围内的具体行政行为。《行政诉讼法》第 13 条和最高人民

---

① 参见钟瑞栋:《强制性规范的解释与适用——公法与私法"接轨"的司法途径》,《比较法研究》2010 年第 5 期。

法院司法解释则对受案范围进行否定式列举，排除国家行为、抽象行政行为、行政机关内部行为和法律规定行政裁决终局的具体行政行为的可诉性。通过以上条文的规定，我国的行政诉讼受案标准为：行政相对人对行政机关及其工作人员的行政行为不服，该具体行政行为属于第12条列举的十二种行为，造成了行政相对人实际的合法权益损害，并且不属于《行政诉讼法》第13条排除的情形，可以通过行政诉讼解决纠纷。

通过对民事诉讼和行政诉讼的综合分析就可以发现，目前在公民的具体权利救济上存在受案范围的真空，尤其对于受到过度限制的所有权人而言，几乎没有诉讼途径向他开放。本书所关注的所有权过度限制通常都是来自于政府的行为，尤以来自政府的抽象行政行为为主。政府与公民在这一问题上的地位不平等首先就将此类纠纷排除出民事诉讼的受案范围，而将抽象行政行为排除出行政诉讼的受案范围，又使得由于该抽象行政行为而直接受到过度限制甚至损失的所有权人不能获得行政诉讼的救济。公民的权利受到了实际的损害，然而诉讼途径却不能对他开放，这体现了我国行政诉讼与民事诉讼受案范围在对接上出现了真空地带，对权利的救济十分不利。

2. 外国民事与行政诉讼的受案范围

(1)德国民事诉讼与行政诉讼受案范围

德国采用的是专门法院的模式解决不同纠纷，行政诉讼案件由行政法院受理，其他纠纷则由普通法院受理。德国民事诉讼受案范围的概括性规定被包含在《法院组织法》第13条中。根据这一条的规定，所有的民事权利纠纷事项，只要法律没有其他特殊的规定，都属于民事诉讼，即由普通法院管辖。本条规定又通过后来的一系列立法和实践得到了补充，建立起民事诉讼受案范围的具体标准：德国基本法和法律有明确分配的，依规定管辖；无明确的法定分配的，取决于请求权的民事法律关系性质；以上标准均难适用的，法官依个案中原告的事实陈述判断是否由普通法院受理。①

① 参见汤维健：《外国民事诉讼法学研究》，中国人民大学出版社2007年版，第54～55页。

《联邦行政法院法》第40条则对行政诉讼的受案范围进行了概括式规定："所有不属于宪法范围的公法争议，如果联邦法院没有明确规定由其他法院处理，都可以提起行政诉讼。"这一规定将除了宪法争议和有特殊规定的争议之外的所有公法争议纳入了行政诉讼的受案范围。《德国基本法》第19条第4款更是在宪法的层面上明确规定："任何人之权利受官署侵害时，得提起诉讼。如别无其他管辖机关时，得向普通法院起诉。"除非权利损害是由于保护自由民主原则或为保护国家安全的只能由行政裁决解决(《德国基本法》第10条第2款)。因此，公民的权利受到损害时，是否存在一个途径能够使他进入诉讼从而得到司法救济已经不再是一个问题，"成问题的反而是不同诉讼途径中哪些可供使用，无论如何，其中一个法院的大门总是敞开的"①。而德国法律中有关民事诉讼和行政诉讼受案范围规定的功能，也不再是判断某个纠纷是否能够进入诉讼，而更多的是对出现受案重合情况的纠纷，划分出不同法院受案的界限。

(2)美国民事诉讼与行政行为司法审查受案范围

美国法并没有具体的对民事诉讼受案范围的规定，甚至在许多介绍美国民事诉讼法的著作中，都没有涉及何种纠纷可以进入民事诉讼这一问题，而是更多地关注在级别管辖和地域管辖之上。2006年颁布的《联邦地区法院民事诉讼规则》和2010年修订的《联邦民事诉讼规则》中也对这一问题没有涉及。事实上，英国于1997年颁布的民事诉讼法对民事诉讼受案范围也没有作出规定，这体现了英美法系国家对于民事诉讼和当事人权利救济持有的开放态度：法院从案件事实出发，原告声称自己的权利受到侵犯，法院就可以受理，并且可以通过判例形成新的权利。或许可以理解为在英美法系国家，只要出现私权的纠纷并且法律未对这种纠纷的诉讼程序作出特殊规定，而法官又认为当事人应当获得救济，则案件当然进入民事诉讼受案范围内。

美国的行政行为司法审查制度与我国的行政诉讼比较类似，是法院对行政机关行为的司法审查，主要是在受到行政行为不法侵害或不利影

① [德]奥特马·尧厄尼希：《民事诉讼法》，周翠译，法律出版社2003年版，第12～15页。

响的行政相对人的请求下，对行政行为的合法性、合理性予以审查，并对行政相对人提供救济的活动。美国也有行政诉讼制度，主要是行政机关就涉及相对人利益的问题作出裁决，更类似于我国的行政裁决。[①] 对于公民可以将怎样的纠纷提交至法院，美国《联邦行政程序法》规定："因行政行为致使其法定权利受到侵害的人，或受到有关法律规定之行政行为的不利影响或者损害的人，均有权诉诸司法审查。""司法审查的诉讼形式是法律特别规定的诉讼。这种诉讼应当与法律专门规定审理的问题有关。如果没有相应的法律规定或是规定不适用，则可以适用任何其他的法律诉讼形式……如果法律专门规定的审查方式不适用，那么诉讼可以以美利坚合众国或某个行政机关或某个官员为被告，除非法律预先规定了相应的专门的司法审查形式。"美国的行政行为司法审查关于受案范围的确定采取了"假定可以审查"的原则，在给予行政机关相当充分的自由裁量权的同时，对接受司法审查的行政行为采用了排除式的规定，即只要是美国联邦行政程序法没有明确规定予以排除的行政行为都在司法审查的范围之内。

(3)日本民事诉讼与行政诉讼的受案范围

《日本宪法》第76条规定，只要是国民之间发生的具有权利关系的纷争，司法都有权介入予以解决。《日本裁判所法》第3条第1款则规定，法院限于解决一切法律上的争讼，即能够通过适用法律予以解决的纠纷，排除了纯粹的政治问题和经济问题、技术和学术的争论。[②] 因此，法院受理的民事诉讼包含两条标准：须有特定的当事人，并且在当事人之间存在具体的争议；当事人之间的争议必须是法律上的争讼，即适合由法律来给出终局性的解决。日本采用了概括加排除的受案标准规定，民事诉讼程序几乎向民事主体之间绝大多数争议开放。

日本的行政诉讼又被称为"行政案件诉讼"，在日本宪法下，由于国民接受审判的权利是不可剥夺的，因此国民对一切行政法上的争讼都可以

---

① 参见王名扬：《外国行政诉讼制度》，人民法院出版社1991年版，第152页。

② 参见[日]兼子一、竹下守夫：《民事诉讼法》，白绿铉译，法律出版社1995年版，第14～15页。

向司法法院起诉并接受审判,只要满足当事人适格和存在法律上争讼的条件。在这样的宪法规定之下,目前日本的诉讼法对各诉讼的受案范围已经基本不再采用列举式规定,而是采用概括加排除式规定,将国家统治行为、不具争讼性的案件和有关行政裁定的合理性案件排除出行政诉讼受案范围。①

3. 启示:扩大受案范围,消除救济真空

通过对大陆法系的代表国家德国、英美法系的代表国家美国、吸收了大陆法系和英美法系特点的日本三个国家的民事诉讼及行政诉讼的受案范围的分析可以看出,只要是在成文法中对受案范围进行规定的,通常采用的都是概括肯定加列举排除的方式,对不属于法院管辖的案件进行列举,然后规定其他的争议均属于法院的受案范围,以受案为原则,不受案则是必须列明的例外。民事诉讼与行政诉讼的受案范围甚至出现了重合的现象,最大限度地囊括了各种争议,对公民权利的保护也是十分有效。尤其是在行政诉讼的受案范围上,各国普遍采用的是假定可以审查的原则,除非法律明示,否则行政纠纷一律可以进入诉讼,并且也没有对可诉的行政行为的类型作出任何限制性规定。然而我国的行政诉讼法一直以来采取的是假定不予审查原则,法律明确规定可以进入行政诉讼的纠纷类型,即一般情况下法律假定法院不能受理行政争议,除非属于法律明示的几种争议类型。

某种争议是否能够进入诉讼程序,体现的实际上是一个国家的立法、行政和司法三种权力的架构,尤其是在行政诉讼中的受案范围上更是如此。我国目前对行政行为采取的司法审查实际上是不完整的,行政诉讼法实施以来,尽管司法审查在保障公民权利、规范行政行为和监督行政权力方面起到了重要作用,但是随着现代国家政府职能的扩大、公权力行使的不可预期性增加,这种不完整的司法审查能够起到的作用可能会越来越有限,并且目前已经暴露出了一些问题。因此,在未来行政诉讼的改革中,对行政诉讼受案范围的扩大可能是必然的,借鉴国外成熟的立法经

① 参见王名扬:《外国行政诉讼制度》,人民法院出版社 1991 年版,第 227～244 页。

验，采用假定可以审查的受案原则，以概括肯定加否定列举的方式规定行政诉讼受案范围，并且考虑适当地将抽象行政行为纳入审查范围，尽可能涵盖由行政行为产生的纠纷，实现民事诉讼与行政诉讼在受案范围上的对接，为权利受到损害的主体提供有效的司法救济途径，消除由于受案范围有限而产生的权利救济真空。这是现代法治国家的必然要求，也是为公民提供有效的权利救济的必然要求。

(三)建立由诉讼启动的受限制所有权补偿机制

未来作为受到过度限制的所有权的最主要救济方式，经济补偿的实施需要建立起更加科学并且行之有效的机制。针对所有权过度限制的特殊性，建立起由诉讼发动的补偿机制，可能比采用征收补偿机制中由行政权主动预先给予补偿的做法要更具有现实中的可行性。

第一，在政府出台相关的针对所有权的限制性措施时，可能因此而受有过度限制的所有权人的范围在很多时候是不能确定的，即使是一个相对可以确定的范围(例如被列为文物保护单位的古建筑所有权人)，这个范围可能也是非常大的，由政府事先确定所有权人并且给予充分补偿不仅会大幅度增加成本，在很多情况下也是不现实的。因此，通过所有权人提起诉讼来启动补偿机制是一条行之有效的方法，这既节约了政府需要事先确定受影响的所有权人范围所需支出的工作成本，又赋予了所有权人主动权。毕竟每个人都是自身权利最好的守护者，政府的一项规定是否会对自己享有的所有权造成超出合理范围的限制或者负担，以及会造成多大程度的损害，只有所有权人才有最直接和深刻的体验。当然，由政府主动发动补偿程序在影响范围较小、受影响的所有权人较为容易确定的情况下，也是可以作为启动补偿程序的补充方式，有利于在特定的情况下所有权人更直接和方便地获得合理补偿。

第二，通过诉讼进行的所有权过度限制补偿程序能够更为合理地确定补偿标准。与征收补偿可以相对确定被征收财产的价值不同，对于受限制所有权的补偿标准很难给出统一的界定或者事先预估，因为根据受到限制和损害的程度不同，由于同一法律文件而受到同样限制的不同所有权人，他们遭受的损害很有可能是各不相同的。目前，我国实践中采用的征收补偿标准通常是参考被征收财产的市场价格，并且对被征收人由于征收而产生的其他必要费用予以补偿。[①] 这一补偿标准在未来的管制性征收问题的补偿机制中可以参照适用，但是显然不能解决其他的所有权过度限制的补偿标准问题。考虑到前文对所有权不当限制的分类，根据两种不当限制类型的性质，分别赋予不同的请求权，可能会更好地解决这个问题。针对给所有权人施加过重负担的情形，可以将之认定为一种所有权人与政府之间存在的特殊合同关系，由所有权人在事实上代替政府承担了某些公共服务的职能，从而赋予所有权人债权请求权，通过民事诉讼程序，法院先认定这一合同关系的存在，再按照所有权人为承担义务而实际花费的金钱，以一定比例予以补偿，其本质上是填补所有权人承担的额外的负担。针对管制性征收的问题，可以借鉴征收补偿程序，通过行政诉讼的方式，先由法院确定管制性征收的存在，再依照征收补偿标准予以合理的管制性征收补偿，并且这一过程的结果应当是所有权转移给国家，因为国家按照财产的市场价格支付了补偿。

第三，通过诉讼来启动所有权过度限制的补偿，这当然会明显增加法院的诉讼量以及政府的应诉负担，因为受影响的所有权人范围虽然可能相对确定，然而数量却是难以预先估计的。对于这种情况，可以建立简化的审理程序。例如，对由同一政策或措施导致的同类型的过度限制，可以考虑在某一个案中确定这一措施存在不当限制的情况下，对其他类似个案不再审查过度限制的存在，而仅根据实际情况确定补偿标准，这一做法也可以大大减轻政府的应诉负担。

二、权利的行政救济途径的完善

通过行政途径为受到不当限制的所有权人提供救济，实际上就是行

① 2011年1月21日公布的《国有土地上房屋征收与补偿条例》第17条规定："作出房屋征收决定的市、县级人民政府对被征收人给予的补偿包括：(一)被征收房屋价值的补偿；(二)因征收房屋造成的搬迁、临时安置的补偿；(三)因征收房屋造成的停产停业损失的补偿。"第19条第1款规定："对被征收房屋价值的补偿，不得低于房屋征收决定公告之日被征收房屋类似房地产的市场价格。被征收房屋的价值，由具有相应资质的房地产价格评估机构按照房屋征收评估办法评估确定。"

政权力进行的自我监督，在我国目前司法权和行政权的分工情况下，行政途径能够为所有权人提供的对行政行为合理性的审查是当事人通过司法途径无法获得的。我国行政法领域的行政救济途径主要有三种：行政复议、行政裁决和行政调解。其中，行政裁决和行政调解都主要针对两个当事人之间存在的民事纠纷进行救济，提供救济的行政机关居于中立的裁判者地位。但是在所有权过度限制的救济中，行政机关实际上就是纠纷的一方当事人，而产生纠纷的原因是政府的某个行政行为（很多情况下是抽象行政行为）。此时，行政调解和行政裁决两种方式就很难从根本上解决纠纷。因此，讨论所有权过度限制的行政救济途径的改进，实际上就是对未来如何通过行政复议途径提供有效救济的分析。

（一）现行行政复议模式在受限制所有权救济上的局限性

自 1999 年《行政复议法》颁布以来，我国的行政复议工作取得了长足的发展，大量行政争议通过行政复议得到解决。根据国务院法制办公室对全国 31 个省、市、自治区和 61 个中央部委的统计，2000～2009 年，全国共办理行政复议案件 81 万余件，平均每年 8 万余件，基本与同一时期行政诉讼案件数量持平，全国各级行政复议机关数量共计 1.8 万余个，体现了行政复议在行政纠纷解决当中起到的巨大作用。[①] 但这仍然不能否认，在多年的运行过程中，行政复议制度暴露出的问题将越来越严重地影响这一制度的实际运行效果。对于行政复议的制度缺陷，许多学者已经作出了全面的分析，对行政复议的管辖机关、复议主体设置、审查方式、程序保障以及行政复议与行政诉讼制度衔接等问题提出了改进建议，但是针对受过度限制所有权的救济，除了以上应予改进的制度外，更为重要的是对行政复议受理标准的重新审视。

我国《行政复议法》第 2 条对行政复议的适用范围作出了规定："公民、法人或者其他组织认为具体行政行为侵犯其合法权益，向行政机关提

① 参见《湖北省政府法制办副主任杨良顺：对行政复议制度功能定位的思考》，中国政府法制信息网（http://www.chinalaw.gov.cn/article/xzfy/llyj/201104/20110400339235.shtml），2013 年 3 月 15 日。

出行政复议申请,行政机关受理行政复议申请,作出行政复议决定,适用本法。"在第1条的立法目的中也提到:"为了防止和纠正违法的或者不当的具体行政行为,保护公民、法人和其他组织的合法权益,保障和监督行政机关依法行使职权,根据宪法,制定本法。"第7条以肯定式列举加概括的方式,详细列出了可以提起行政复议的十一种具体行政行为类型,并在第8条列举了可以一并提起附带审查的三类抽象行政行为。因此,除非存在《行政复议法》列明的十一种具体行政行为之一,行政相对人才有可能将行政争议提交至复议机关,从而使自身受到损害的权利得到有效的救济。按照这一受理标准,本书所讨论的两种所有权不当限制的情形在大多数情况下都不能进入行政复议,更遑论获得有效救济,因为这些限制通常都直接来自于具有普遍约束力、针对不特定相对人的规范性文件即抽象行政行为,而非直接针对特定的所有权人作出。不存在一个具体行政行为,就当然地被排除出了行政复议的受理范围。即使存在一个具体行政行为,只要这一具体行政行为具有规范性文件作为合法性依据,并且不存在明显的不合理,鉴于能够提起附带审查的抽象行政行为仅限于三种政府规定,行政复议能给权利受到侵害的所有权人提供的救济也就相当有限了。加之行政复议的复议机关略显缺乏中立性,法律又未对行政复议进行应有的程序设计,使得行政复议作为一种本应比行政诉讼更为直接和有效的救济形式,目前并没有充分发挥它应有的功能。

(二)从行政复议的目的角度看制度的应然设计

行政复议制度在立法初衷和制度设计上都是出于行政机关自我监督和公民权利救济的考虑。但是就目前来看,行政复议能够起到的监督与救济的作用距离"加强行政机关内部监督,促进行政机关合法、正确地行使职权,维护社会经济秩序,维护公民、法人和其他组织的合法权益,维护社会稳定"[①]的制度定位尚有距离。

综观国外对行政复议制度目的的认识,也大都认定为解决纠纷、监督

① 杨景宇:《关于〈中华人民共和国行政复议法(草案)〉的说明》,中国人大网(http://www.npc.gov.cn/wxzl/gongbao/2000-12/06/content_5007101.htm),2013年3月14日。

行政、保护权益，并且在这三个目的中尤其强调对相对人合法权益的保障与救济，认为这才是行政复议制度的根本目的。在现代社会，国家权力越来越多地深入到社会生活之中，公民享有的几乎每一项权利都对应着国家义务，政府对公民的权利提供保障和救济成为其不可推卸的责任，然而在很多情况下，对权利的侵犯恰恰来自于政府。“只有当个人遭受的侵权通过政府公平而可预期的得到矫正，他才能在法律上而不是道德意义上享有权利。”[①]因此现代政府的法定职责之一就是通过设计各种制度，对政府行为进行监督制约和纠错，根本目的在于为受到公权力侵犯的权利提供及时、有效、公正的救济。相较于同样具有保障和救济公民权利的诉讼制度，行政复议通过行政权力内部自我监督和纠错的方式，在权利保障和救济方面应当具有更直接、更及时、更有效的优势。相较于针对行政纠纷的司法救济必须受限于现代国家行政权和司法权的权力架构，必须谨慎处理行政纠纷以避免产生对行政权的过分干涉，行政复议在行政纠纷的解决中有着不可忽视的优势。为实现权利救济的目的，应当尽量拓宽行政复议的程序入口，减少限制性条件，至少赋予相对人获得救济的机会。

有鉴于行政复议制度所追求的目的和前文所提到的对受到不当限制的所有权人构成维权障碍的行政复议的制度设计，未来我国应当考虑建立以权利保障和救济为核心的行政复议制度。

第一，将权利是否受到来自公权力的实际侵害作为纠纷能否进入复议的标准，不再通过对行政行为进行人为分类来实现对纠纷的选择性受理，即只要存在政府的行政行为，并且这一行政行为直接导致了相对人的损害，相对人就有权提起行政复议。但这涉及对抽象行政行为的审查。建议除保留现有的附带审查制度之外，可以建立一种独立的、专门针对抽象行政行为的复议审查制度，允许行政相对人就自身权利受到抽象行政行为直接导致的损害提起复议请求。从理论上来讲，既然行政复议兼有

---

① [美]史蒂芬·霍尔姆斯、凯斯·R·桑斯坦:《权利的成本——为什么自由依赖于税》，毕竟悦译，北京大学出版社2004年版，第26页。

监督政府行为的功能，那么其复议对象就应当是一切“行政行为”，审查范围也应当既包括合法性也包括合理性。只要是由政府作出的行为，除非特殊情况，都应当在受到监督的范围之内。

第二，保证复议机构的中立性和程序的公正公开性。行政复议制度功能的实现很大程度上受到程序设计的影响。首先，应当有一个公正并且中立的复议机构，能够平等地对待各方当事人，这要求复议机构本身在行政争议当中不存在自身的部门利益。其次，复议程序应当公开，以公开审查的方式为原则，接受外界监督，这也是保证结果公正的最有效方式。目前，有许多学者对行政复议制度提出了司法化运行的构想。尽管《关于〈中华人民共和国行政复议法（草案）〉的说明》明确指出，《行政复议法》“体现行政复议作为行政机关内部监督的特点，不宜、也不必搬用司法机关办案的程序，使行政复议‘司法’化”[①]。但这并不意味着行政复议不可以吸收司法程序所具有的独立性和公开性，从而保障复议结果的公正性。

第三，完善行政复议与行政诉讼的制度衔接，在坚持行政复议的高效率和相对独立性优势发挥的同时，仍然确立司法作为相对人权利的最后救济。这要求行政机关对于自我监督的结果采取客观和开放的态度，尽量不将行政复议结果作为终局裁决，允许当事人进一步选择司法救济渠道，对行政机关进行外部监督。这样的制度设计相当于为相对人提供了两次权利救济的机会，因为行政纠纷具有特殊性，尤其是在涉及公共利益的情况下，行政机关在作出相应行政行为时已经经过了一个利益衡量的过程，再由行政机关自己对其行为进行审查，无非是将之前的利益衡量再进行一次，很难在这一过程中保持客观中立，从而会对相对人的权利带来负面影响，使复议过程虚置。允许相对人将行政纠纷而非复议结果再次提交至司法机关进行审理，就是充分尊重相对人获得救济的程序性权利，是构建以权利为中心的行政复议制度的要求。

---

① 杨景宇：《关于〈中华人民共和国行政复议法（草案）〉的说明》，中国人大网（http://www.npc.gov.cn/wxzl/gongbao/2000-12/06/content_5007101.htm），2013年3月14日。

第四节 基本权利整合下的权利救济

一、德国宪法诉愿制度下的权利救济

二战之后，为了维护国家的宪政制度，德国于 1951 年设立了具有广泛裁判权的联邦宪法法院。联邦宪法法院具有鲜明的国家特色，是一项取得了极大成功的德式法律制度，常在国际上被视为参照榜样。德国学者也不乏骄傲地说："不管是从历史的角度上看，还是从比较法的角度来看，联邦宪法法院对于宪法问题作出裁判的权限范围都是独一无二的。"①事实上，设立宪法审判机构的观念在德国由来已久，甚至在宪法制定之前就有了类似机构（德国国务审判机构）的存在。早在 1793 年，施勒策便在《一般国家法和国家组织学》中说："德国是幸运的，她是世界上唯一的一个国家，在此人们可以不损害其统治者尊严的同时，依据法定的方式对其提起诉讼，并且在一个并不从属于该统治者的裁判庭来实现其权利。"②

根据德国宪法，联邦宪法法院对国家的立法权、行政权和司法权三种权力都有广泛的审查权。通过宪法法院为公民提供的权利救济，亦称"作为基本权利主体的个人提出的基本权利诉讼"，主要是以个人提出宪法诉愿的方式，通过法院对法院裁判、行政行为和立法行为的审查实现，这是由《德国基本法》第 19 条第 4 款、第 93 条第 1 款第 4a 项以及《联邦宪法法院法》第 13 条第 8a 项共同规定的。宪法诉愿的功能并不限于对个人的基本权利以及所谓的类似基本权利的权利进行保护，同时也具有维护宪法秩序的作用。基于宪法诉愿，宪法法院可以确认国家权力对公民基本权利或类似基本权利的损害，撤销法院裁判或行政决定，或是宣告法律

---

① [德]克劳斯·施莱希、斯特凡·科里奥特：《德国联邦宪法法院：地位、程序与裁判》，刘飞译，法律出版社 2007 年版，第 2 页。

② 转引自[德]克劳斯·施莱希、斯特凡·科里奥特：《德国联邦宪法法院：地位、程序与裁判》，刘飞译，法律出版社 2007 年版，第 2 页。

规范自始无效。[①]

(一)从“小块菜地案”[②]看德国联邦宪法法院对所有权的保护

在德国历史上，大土地的所有者向少地或者无地的人出租小块土地以作为菜园使用曾经是非常平常的，这些小块的菜园曾经是德国公众获得食物的重要方式之一。在这样的历史背景下，为了能尽可能多地向这些居民提供土地，德国出现了相关法律，禁止大土地所有者拒绝出租菜园。但是随着农产品主导型生产方式由自给自足型向大规模商业生产转移，这些私人菜园用地也就失去了最初的社会目的。案件中的土地所有权人想要将这些小块菜地的农业用途变更为商业用途，但是相关部门基于法律的强制性规定，不允许土地所有权人这样做，因为联邦的法律并没有将这种变化视为允许所有权人终止租赁关系的依据。土地的所有权人向联邦宪法法院提起宪法诉愿，认为这项法律对自己土地所有权的限制已经构成了对自己基于《基本法》第 14 条而享有的财产权。联邦宪法法院认为，这部法律制定的初始目的在于为社会危机时期的公众提供食物来源，而现在已经在事实上成为了娱乐用地，这样的社会功能的变化已经与其原来的目的没有关系了。这部法律对于用地自由的限制与其所服务的公共目的已经显然不成比例，因此宪法法院得出了该法律对所有权人用地自由的限制违宪的结论。[③]

这一案件实际上就是立法机关之前出于社会需要考虑制定的法律在经过长期的社会发展之后，其立法的目的即社会公众的需要已经不复存在。而该法律对土地所有权人的限制却依然存在，甚至开始阻碍经济的发展。这种限制当然是有法律依据的，因此如果单纯地适用具体法律规定，所有权人无疑将败诉。但是联邦宪法法院看到了基本权利在本案中的价值，并且采用了合比例性的判断标准，才会得出法律违宪的结论。这就是在以司法的方式推动法制的发展，因为司法机关是最了解社会现实

① 参见刘飞：《德国公法权利救济制度》，北京大学出版社 2009 年版，第 119 页。

② BVerfGE 52, 1(1979).

③ G. S. Alexander, “Property as a Fundamental Constitutional Right? The German Example,” *Cornell Law Review*, 2002-2003, 88: 733-778.

的地方，由司法机关将社会实际需求以判决的方式反馈给立法机关不仅是有效的途径，更是避免行政相对人受到已经明显不合理的法律文件的负面影响的直接方法。

（二）德国法上宪法诉愿的基本规则

根据德国基本法的规定，每个人都可以以自己的某项基本权利受到公权力侵犯为由提出宪法诉愿，但这并不意味着宪法诉愿是普通法院或行政法院程序的补充性救济，而是“公民被赋予的用于对抗公权力对其基本权利进行侵犯的特别的法律救济方式……宪法诉愿是最后的和补充性的法律救济手段”[①]。宪法诉愿并非诉讼意义上的法律手段，也不与其他法律手段并行供人选择。宪法诉愿被定位为“特别的、最后的和补充性的”法律救济途径，其原因在于德国基本法和诉讼法对公民诉权的全面保障。根据基本法和诉讼法的规定，当公民的某项权利可能受到任何来自于公权力的侵犯时，公民总是可以诉至法院寻求帮助。换言之，法律途径向公民充分开放。既然在诉讼中，法官在对法律进行解释和适用时都必须使基本权利得以实现，因此普遍性法律途径保证的存在已经构成对基本权利的保护。“宪法诉愿作为对于个人的法律保护方式本身就已经是可有可无了，因为现在依据基本法第 19 条第 4 款之规定[②]，由任何一名法官针对公权力的任何措施而对个人提供的包括基本权利保护在内的法律保护存在于所有联邦州之中。”[③]

为了界定宪法诉愿与其他法律保护方式之间的关系，联邦宪法法院法为宪法诉愿确定了两个基本规则。

第一，公民必须用尽法律途径。只有当公民完全用尽了其他法院向其开放的法律途径，为弥补他所受的损害采取了所有可能的诉讼手段的

① ［德］克劳斯·施莱希、斯特凡·科里奥特：《德国联邦宪法法院：地位、程序与裁判》，刘飞译，法律出版社 2007 年版，第 198～199 页。

② 《德国基本法》第 19 条第 4 款规定：“任何人之权利受官署侵害时，得提起诉讼。如别无其他管辖机关时，得向普通法院起诉。”

③ 甚至有人认为，现在即使取消宪法诉愿制度，也无损法治国对于基本权利的完美无缺的保护。（参见［德］克劳斯·施莱希、斯特凡·科里奥特：《德国联邦宪法法院：地位、程序与裁判》，刘飞译，法律出版社 2007 年版，第 201～203 页）

情况下,才能提出宪法诉愿。这是宪法诉愿的补充性原则。因此,公民能否提出宪法诉愿的条件之一就是专门法院能否提供有效的法律保护。

第二,公民只能针对基本权利的损害提出宪法诉愿。如果宪法诉愿针对其他法院的判决提出,宪法法院原则上不会审查其他法院是否正确适用了一般法。[①] 尽管《德国基本法》第 19 条第 4 款提供了针对公权力侵害的普遍法律途径保证,但是没有对最高审级生效判决的法律救济提供保证,也没有包括针对立法者的诉讼程序上的法律保护。针对这两种情况,宪法诉愿的存在为它们提供了获得法律保护的途径。[②]

(三)宪法诉愿的功能与评价

宪法诉愿的存在,不仅对个人的基本权利进行保护,也在客观上维护了宪法。德国基本法颁布之后,宪法法院在思想自由和政治自由方面起到了重要作用,同时将基本权利的思想进行阐发,并体现在具体的法律规范中。通过宪法诉愿的方式,赋予了公民主动捍卫自己基本权利的机会,也只有通过宪法诉愿,才能将对所有国家权力运行行为的合宪性审查集中到一个独一无二的法院。尽管公民是以自己权利受损为由提起宪法诉愿,但是宪法法院在审查时并不局限于被诉称的损害事实是否存在,而是可以对诉愿所针对的措施进行全面的合宪性审查。在此意义上,宪法诉愿具有维护宪法的作用。基于这种双重功能的认识,宪法法院在个案中存在对两种功能的权衡。在只存在轻微的保护利益的情况下,可能对具备理由的宪法诉愿拒绝受理,而对具有原则性宪法问题的个案更为重视。或者可以这样理解:宪法法院最重要的任务是保证法律规范以合宪的方式被制定、解释和适用,对个人基本权利提供的保护只是宪法法院上述功能的反射,而个人提起的宪法诉愿功能在于启动审查程序,以阻止不正确的规范形成或继续存在。

联邦宪法法院的运行以及为个人提供的宪法诉愿制度都带有鲜明的

① 参见[德]克劳斯·施莱希、斯特凡·科里奥特:《德国联邦宪法法院:地位、程序与裁判》,刘飞译,法律出版社 2007 年版,第 205 页。

② 参见[德]克劳斯·施莱希、斯特凡·科里奥特:《德国联邦宪法法院:地位、程序与裁判》,刘飞译,法律出版社 2007 年版,第 205 页。

德国特点，并且制度的设计是建立在德国基本法与其他部门法有关权利和诉讼规定衔接的基础之上。宪法法院和宪法诉愿制度对德国的宪法生活乃至整个法律秩序而言都产生了深刻的积极影响，但是在缺乏类似制度基础的情况下，别国很难将这一制度直接移植，而且在实际运行中，仍然存在着一些难以解决的问题。

第一，德国的宪法诉愿制度被定位为“特别的”救济方式，而非补充性权利救济手段，其前提是通过基本法、行政法院法和法院组织法的规定，德国的专门法院受案范围已经实现了对纠纷的全面覆盖，任何纠纷，不论是发生于私人之间或是公权力与私人之间，都能够找到至少一种诉讼途径是开放的。[①] 这至少在形式上保障了个人获得救济的权利。在个案中，专门法院负责确保基本权利的有效实现，而联邦宪法法院仅仅需要确保各专门法院遵守基本权利规范和标准。

第二，宪法诉愿数量庞大，使联邦宪法法院工作负担过重，导致公民宪法诉愿的受理可能性降低。从受理案件的数量来看，每年宪法诉愿申请就超过 5000 份，是所有宪法诉讼程序中数量最大的一类。[②] 宪法法院通过设置宪法诉愿程序准入性限制（受理程序），试图在对宪法诉愿进行适法性审查之前就案件是否值得受理进行筛选，以降低工作负担。然而受理程序的设置不仅没有起到预期的作用，还被批评为“不透明的”和“滥权性的”，公民的宪法诉愿能否被受理已经变成了“博彩游戏”。[③]

第三，提起宪法诉愿的广泛可能性和通过宪法诉愿获得实体权利救济的极低成功率使申请人对这一制度非常不满，甚至提出取消针对判决

---

① 由个人基于私权提起的诉讼，无非是针对其他民事主体的民事诉讼或针对行政主体的行政诉讼。《德国基本法》第 19 条第 4 款规定：“任何人之权利受官署侵害时，得提起诉讼。如别无其他管辖机关时，得向普通法院起诉。”《行政法院法》第 40 条第 1 款规定：“一切非宪法性的公法争议，如果没有法律规定由其他法院受理，则由行政法院受理。”《法院组织法》第 13 条规定：“只要没有其他特殊规定，所有的民事权利纠纷都属于民事诉讼。”根据以上法律规范，原则上不存在司法审查范围之外的行政与民事纠纷。（参见刘飞：《德国公法权利救济制度》，北京大学出版社 2009 年版，第 55～58 页；[德]奥特马・尧厄尼希：《德国民事诉讼法》，周翠译，法律出版社 2003 年版，第 12～18 页）

② 参见刘飞：《德国公法权利救济制度》，北京大学出版社 2009 年版，第 119 页。

③ 参见[德]克劳斯・施莱希、斯特凡・科里奥特：《德国联邦宪法法院：地位、程序与裁判》，刘飞译，法律出版社 2007 年版，第 258～259 页。

的宪法诉愿。宪法诉愿这一制度一方面开启了任何人都可以前往宪法法院的途径；另一方面，申请人想通过这一制度获得宪法法院支持的可能性是极低的。据统计，每年登记的宪法诉愿超过 5000 件，这之中大约只有 2%即每年 50～80 件能够得到宪法法院作出的裁判，其余的则未被受理。而在被受理的宪法诉愿中，能够获得宪法法院支持的诉愿大约只有 1.2%。[①] 因此，宪法诉愿提供基本权利的有效保护这一功能已经颇受质疑，甚至学者们通常也不将宪法诉愿归为权利救济制度。

二、美国违宪审查制度下的权利救济

在美国，违宪审查是广义的司法审查中的一个类型。广义的司法审查即通过司法程序，审查和裁定立法机关制定的法律以及行政机关的行为是否符合宪法和法律的活动。依审查角度的不同，可以分为普通违法审查和违宪审查。前者只审查行政机关的具体执行行为，类似我国行政法中的具体行政行为；而后者的范围则要大得多，包括了立法行为和行政机关的政治行为。这实际上涵盖了我们通常理解的行政诉讼和宪法审查的范围。而严格意义上的司法审查权是一种宣布国会法律、州法律以及行政机关的行为和规章违宪的权力。[②] 美国针对规范性文件的违宪审查属于分散型的附随式审查，各级联邦法院均享有这一权力，而联邦最高法院则是裁判宪法问题的终审法院。基于这一权力，最高法院获得了对宪法的最终解释权和对宪法案件的绝对权威。早在 1835 年，托克维尔在《论美国的民主》一书中就指出："其他任何国家从来都没有创制过如此强大的司法权。美国的最高法院，不管从其职权的性质来说，还是从其管辖的受审人范围来说，均远远高于已知的任何法院。"[③]

美国宪法中并没有对联邦最高法院享有的针对立法性文件的司法审查权作出任何规定，许多学者也就联邦最高法院司法审查权的正当性进

---

① 参见[德]克劳斯·施莱希、斯特凡·科里奥特：《德国联邦宪法法院：地位、程序与裁判》，刘飞译，法律出版社 2007 年版，第 200 页。

② 参见范进学：《美国司法审查制度》，中国政法大学出版社 2011 年版，第 2 页。

③ [法]托克维尔：《论美国的民主》(上)，董果良译，商务印书馆 1988 年版，第 109 页。

行过讨论，尤其是对国会立法的审查权。1789 年，司法法通过对美国司法制度的规定，赋予了最高法院受理下级联邦法院上诉案件的管辖权，更重要的是获得了对州法律的审查权。1789 年，《司法法》第 25 条规定："对于任何案件的最终裁定或者判决，如其适用的州的条约、法规或法令与合众国的宪法、条约或法律的效力相抵触，而州最高法院依其普通法或者衡平法作出有利于保证州法效力的决定；或者州法院的决定否认当事人提出的或主张的依据联邦宪法、法规、委任状、条约的解释而享有的授权、权利、特权、豁免权，则联邦最高法院可以对该最终裁定或判决重新审查，修改或者维持原裁定、判决。"最高法院对州法院判决的审查权力被称为"联邦司法权整个拱门的拱顶石"①，最高法院享有的司法审查权正是对立法行为的最大约束。

美国联邦宪法法院所行使的司法审查权尤其是违宪审查权，对于公民权利的救济有着很大的保障作用。美国宪法及后来的宪法修正案中对公民的基本权利进行了确认，有些条款授权立法机关和行政机关以必要的手段实现。然而在这样的实现过程中，却可能由于其他利益群体的影响侵害到某些社会群体的利益。此时违宪审查权就发挥了巨大的作用。

（一）从卢卡斯诉南卡罗来纳海岸委员会案看联邦最高法院对财产权的保护

案情：不动产开发商卢卡斯于 1986 年在南卡罗来纳州查尔斯顿县沿海的棕榈岛上购买了两块居住用地，计划进行住宅开发。当时该州一部制定法规定海滩和邻接沙滩的土地上进行开发必须要取得许可证，但是卢卡斯的土地并不在这些土地范围内。在他购买土地两年后，南卡罗来纳州通过了一部更全面的保护海岸和海滩的《滨海地区管理法》。该法禁止在包括卢卡斯的土地在内的海岸延伸地带兴建任何建筑物。这直接导致卢卡斯的土地失去了原来的使用价值。卢卡斯向南卡罗来纳州普通法院提起诉讼，主张由于该法案的实施，自己的财产失去了价值，因而应当获得赔偿。法院认定存在管制性征收行为，判决给予补偿性赔偿。南卡

① B. Schwartz, *A History of Supreme Court*. New York: Oxford University Press, 1993: 14.

罗来纳州最高法院推翻了这一判决，认为这一法律的颁布是政府合法行使警察权，保护生命和财产不受风暴损害的情形。卢卡斯将这一案件提交至联邦最高法院。最高法院于1992年推翻原判决，要求南卡罗来纳州最高法院按照联邦最高法院的意见重新审理。联邦最高法院认为，如果不动产的所有权人由于公共利益的目的被牺牲了在不动产上的所有经济利益或者有效用途的管理法规，则属于征收行为。

本案中这一制定法在实际上限制了土地的所有经济用途，因此应当予以补偿。同时，联邦最高法院还要求南卡罗来纳州最高法院对该法案是否符合美国宪法和南卡罗来纳州法律根本原则进行审查，因为这部法律罕见地禁止了土地的基本用途。[①]

（二）美国违宪审查的受案标准

违宪审查是联邦最高法院司法审查中最重要的部分，并且是一种附随性的审查，所以违宪审查的前提是最高法院能够受理某个案件。为了避免司法行为对立法和行政机关的过分干涉，最高法院对违宪审查的受案标准采用了司法克制主义的观点，即违宪审查必须要设定清晰且确定的标准：存在争议的案件、当事人具有诉讼资格、案件处于讨论中、时机成熟和非政治问题。[②] 大法官布兰代斯在1936年对最高法院受理违宪审查案件的标准作出了一番阐释：一是法院不审查友好的、没有争议的、正在进行中的案件适用法律的合宪性，只有在穷尽救济的情况下以及个人之间存在真实的、实质的争议时方才有审查的必要；二是法院不参与事先需要决定的宪法问题；三是法院不会设计一个比当事人在上诉中所明确要求的更宽泛的规则；四是法院不审查建立在其他基础上的宪法问题，即使当前提出的宪法问题是恰当的（如果一个案件同时涉及宪法问题和法律解释问题，并且基于任何一个基础都可以审理，那么法院将审理后者）；五是如果当事人不能证明他受到了法律运行的侵害，法院将不审查该法

---

① 参见[美]约翰·G·斯普兰克林：《美国财产法精解》，钟书峰译，北京大学出版社2009年版，第667～672页。

② 参见范进学：《美国司法审查制度》，中国政法大学出版社2011年版，第218页。

律的合宪性；六是法院不审查当事人能够从中获益的法律的合宪性；七是如果国会的某一法令有效性甚至其合宪性遭到怀疑，最高法院应当首先确认能否通过法律解释避免怀疑。[①]

根据布兰代斯大法官的阐释，或许可以将联邦最高法院违宪审查的受案标准总结如下：

第一，诉讼的当事人之间必须存在实际争议。双方争议必须是真实的并且具有对抗性，否则就失去了争讼的意义。这一标准最经常表现出来的就是法院拒绝为立法行为提供咨询性意见，因为在法官们看来，由法院提供立法建议会摧毁司法系统的独立性及其权力基础。

第二，违宪审查对于诉讼当事人的资格有所要求，即当事人要表明他受法律保护的利益或权利受到了侵害，并且他已经穷尽了其他所有的救济手段。受到侵害的权利必须是具体的个人利益而非属于政治事务，也必须是真实和具体的利益而并非假想和抽象的。最初受案标准要求这一利益是个人或财产损害。但是从 20 世纪中叶起，个人也可以提出非金钱侵害或公共利益侵害，这实际上是降低了违宪审查案件的准入门槛。尽管这样的措施使更多的案件可以纳入最高法院的管辖范围，但是可能导致其他的不良后果，因为每一个对行政或者司法行为不满意的当事人都可以转向最高法院寻求可能的救济，也可能会导致来自州的诉讼泛滥。

第三，联邦最高法院不审查因为情事变更而导致诉讼的案由已经灭失的案件(mootness)。当事人在案件开始的时候可能具有诉讼资格，可是如果诉讼所依据的事实或法律在审查判决之前已经变更从而使案由不存在，此时争议也就不复存在了，法院当然也就不必再进行审查。但是这一原则并非是绝对的，它在很大程度上受到法院如何解释的限制，是否遵守这一原则往往取决于法官基于案件事实而作出的价值判断与选择。

第四，案件必须已经具有成熟性(ripeness)。这一条标准实际上是对第一条和第三条标准的再次强调：违宪审查案件既不能提起过早以至于

---

① 参见艾仕万德诉田纳西流域管理局案[*Ashwander v. TVA*, 297 U. S. 288, 346-348 (1936)]。

不存在争议，也不能提起过晚以免情事变更而导致案件失去争议性。当然，当事人未穷尽其他的救济手段也会使案件被认定为“未成熟”。在1947年的美国公务员联合会诉米切尔(*United Public Workers v. Mitchell*)一案中，最高法院认为：“法院的权力以及最高法院的最终权力仅仅是当诉讼当事人的利益需要运用司法权威去保护时，审查引起这种损害的国会法令的违宪性。一个假想的威胁是不充分的……这与法院在自由与公共秩序之间进行判断的司法职责不相符。”[①]

第五，政治问题不在违宪审查的受案范围之内，因为在法院看来，这些问题由政府机关来处理更为恰当。1803年，马歇尔大法官在马伯里诉麦迪逊(*Marbury v. Madison*)一案中说：“法院的职权仅仅是审理个人的权利问题，性质上属于政治性问题或者按照宪法和法律属于行政机关的问题，从来不能由法院处理。”[②]从历史的角度来看，这条标准的产生是为了避免违宪审查权被诟病为凌驾于立法权和行政权之上并有违民主制度。这种回避政治问题的态度不仅实现了对公民个人权利尤其是财产权和契约自由的保护，而且使法院权威日益提升，违宪审查制度也逐渐深入人心。

(三)美国联邦最高法院违宪审查的特征及评价

1. 违宪审查的特征

第一，美国联邦最高法院的违宪审查是以个案诉讼为基础的。在实践中，最高法院将自己的审查权限控制在具体争议内，仅就争议内涉及的宪法问题进行审查，拒绝对不存在具体实际争议的宪法问题作出判断。因此，美国的违宪审查是基于个案诉讼的附随审查，法院面对的是具体的个案而非抽象的法律规范本身。

第二，美国的违宪审查制度采用分散式审查，联邦最高法院则是终审法院。根据美国联邦宪法的规定，各级联邦法院和各州法院都有权拒绝适用他们认为违背宪法的具体法律并且直接依据宪法对个案作出裁判，

① *United Public Workers v. Mitchell*, 330 U.S. 75 (1947).

② *Marbury v. Madison*, 5 U.S. 137(1803); 2 L. Ed. 60; 1803 U.S. LEXIS 352.

而联邦最高法院则对各下级法院涉及宪法问题的裁判拥有最终的上诉管辖权。在这种结构下，违宪审查权实际上被分散到了各个法院，当事人如果认为下级法院对法律合宪性的判断错误，可以向上级法院上诉，直至上诉到最高法院作出裁决。因此，联邦最高法院在审查体制中居于最终也是最重要的地位。这种分散式审查与大陆法系普遍采用的专门机关审查存在非常大的区别。

第三，美国的违宪审查属于事后审查。当事人只有在自身权利受到实际的损害，并且已经穷尽了其他一切的救济手段仍不能获得救济的情况下，才符合联邦最高法院启动违宪审查程序的当事人适格要件。因此，最高法院的违宪审查属于事后审查。如果法律尚未生效或是尚未对当事人的权利造成任何事实上的损害，最高法院无权进行审查。

2. 对美国联邦最高法院违宪审查制度的评价

美国的违宪审查制度是美国联邦最高法院以宪法理论为基础，通过判例的形式确立的。从这一制度的历史发展以及目前的运行来看，处处都体现着美国法律制度和司法体系的特征。

第一，在为最高法院设定宪法审查的管辖范围时，大法官们可谓煞费苦心：如果设定的范围过窄过严，则无法起到作为国家最高司法机关保障公民权利的作用；但是如果将违宪审查的范围设定过宽，又有可能挑战了美国根深蒂固的三权分立民主制度，使司法权威胁到立法权和行政权。目前看来，最高法院采用的对策是尽量扩大法官们的自由裁量权，在个案中进行判断，是否要基于这一案件进行违宪审查。最高法院避免司法权越界的努力还体现在违宪审查的范围上。联邦最高法院违宪审查的范围被严格规定为与个案相关联的宪法问题，与此形成对照的是德国宪法法院采取的不局限于个案事实而对所涉法律进行全面审查的方式。

第二，对于最高法院提供给当事人的最终权利救济的机会，美国法并未将违宪审查定性为补充性的救济，而是直接规定为普通诉讼中的一类，违宪审查权也分散给所有的联邦法院和州法院。这明显区别于德国宪法诉愿模式。究其原因可能是由于美国的普通法传统，即允许法官造法，并且最高法院的判例法在司法体系内的效力可能比国会制定的成文法更为重要。除此之外，普通法系国家通常对法官具有较高的信心，相信他们能够处理好政治性很强的宪法问题，因此不必采用专门机关审查的模式。也正因为联邦最高法院本身也是普通诉讼中的一级法院，有时我们很难判断当事人将一个案件提交至最高法院是基于它的宪法性权利还是一般性权利受到损害，也很难判断在对案件进行判决时起到决定性作用的到底是法官的技术性判断还是宪法的基本权利条款。

第三，联邦最高法院的违宪审查在为公民权利提供救济方面起到的作用可能远不及德国宪法法院的宪法诉愿。这与美国的分散审查制也是有关系的。如果公民权利受到了立法机关制定法的损害，州法院和联邦下级法院完全可以行使自己的违宪审查权，拒绝适用该制定法而直接适用宪法从而使公民权利得到有效救济。除非下级法院对于宪法或者该制定法的解释和适用是错误的，才需要最高法院进行审判。但是在以德国为代表的大陆法系国家并非如此，法官被要求严守法律，不存在法官造法，法官也不可能绕过具体法律规范直接适用宪法基本权利条款。因此，在具体规范损害公民权利的情况下，公民实际上在普通法院是无法获得有效救济的，宪法法院的存在就成为了公民捍卫基本权利的最后一道也是唯一一道屏障。

三、基本权利在民事权利保护中的功能

（一）救济权与实体权利的实现

没有权利就不存在救济，因为权利的存在是救济能够存在的依托。同样，没有救济就没有权利，如果有一种权利在受到损害时无法诉诸法律获得保护，那么能否被称为法律权利也就存疑了。权利和救济从来都是一个整体的两面。

权利的实现客观上会受到特定时代背景下一国的政治、经济、文化等多方面条件限制，同时还会受到多种干扰。因此，法律的功能绝不仅是宣示权利，而更重要的是为权利配置完善的救济程序。

权利的救济通常是指法律救济。《牛津法律大辞典》将“救济”既解释为一种法律解决冲突的方式，又解释为一种权利：“救济是纠正、矫正或改

正已经发生或业已造成伤害、危害、损失或损害的不当行为……更准确的分析可以这样来表述：法律制度赋予特定关系中的当事人以两种权利和义务：第一与第二权利和义务……尽管只有在第一权利未被自愿或未被令人满意地满足的情况下，第二权利或救济权利才能发生作用，但要求对方履行义务的权利，或要求对方就未履行义务或不适当履行义务给予救济的权利，却都是真正的法定权利。相应地，救济是一种纠正或者减轻性质的权利，这种权利在可能的范围内会矫正由法律关系中他方当事人违反义务行为造成的后果。”[①]根据这一解释，救济实际上是当实体权利受到侵害时，法律赋予受到损害的权利人自行解决或请求司法机关或其他机关予以解决的权利。这种权利的产生以原有的实体权利受到侵害为基础。相对于实体权利而言，救济权是第二性的。救济权实际上具有双重特性，它一方面是权利主体享有的一种合法权利，如果权利主体被剥夺了救济权，意味着他实际上丧失了实体权利；而另一方面，救济权是“第一权利”实现的保障，或者说是一种程序性的权利，为实体权利实现提供程序化的机制。

在现代社会，居于权利体系中的实体权利与程序化的救济权利已经成为两种彼此相依的权利体系。就其关系而言，救济权利作为追求公正的权利，自然是服务于实体权利。因此，救济不仅要在实体权利与其他权利发生冲突时，为其提供解决纠纷或冲突的途径，更应当在实体权利可诉的前提下，使实体权利的实现成为可能。实践表明，权利必须有救济的方法和程序，而且也必须能够保证权利冲突的双方主体能够平等地参与救济过程，享有平等的审判。一种真实存在的救济体系就是法律给予实体权利的实现可能性。

由于法律传统和观念的不同，大陆法系国家和英美法系国家对“救济”有着不同的理解。在英美法系，“没有救济就没有权利”和“救济先于权利”的观念早已为大众所熟知和接受。在英美法系看来，法律并不以一套明确的法典化的权利体系为表征，而是在于一种“公平”，而“公平”远比

① ［英］戴维·M·沃克：《牛津法律大词典》，李双元译，法律出版社2003年版，第764页。

“正义”更为实在。在法学家们的眼中，建立一套公正的审判机制比制定一部宏大的法典更为重要。英国法学家戴雪曾经说：“在英宪之下，法律的全副精神注意救济方法，这是要说，法律务须有一定方式进行，然后法律下之权利方见尊重，然后名义上的权利可化为实在权利。”[①]可见在他看来，保障人民享有权利侵害后的救济权比以法律形式将公民权利确认下来要更加重要。法国学者达维德也曾经这样评价：在普通法国家，真正的法律概念一直与程序的概念和诉讼的思想联系在一起。法律不仅要宣示权利，更重要的是通过救济程序的设计和平等诉讼机会的提供，真正实现这些权利。[②] 因此在英美法系的观念中，救济甚至比权利的宣告更加重要。

但是在大陆法系国家，对于权利和救济的看法与英美法系有着很大的不同。在大陆法系国家的观念中，法律建立起了权利和义务的体系，其功能也在于保障权利。实现这些权利的最好办法是在法律中以明确的原则和规则予以确认，而不是依赖于司法或者救济。只有当权利由于受到侵害而确实无法实现时，才转向法院寻求司法的帮助。即便在这种情况下，法官首先考虑的可能也不是如何提供公正的诉讼程序，而是到现行的法律中寻找权利的依据。在大陆法系国家，法官追求的是实体“正义”，而对程序“公平”这一价值则相对没有特别关注。

不管“救济”对于两大法系而言意味着什么，对于它在权利保护中的价值则是公认的。特别是进入现代社会以后，由于多种权利冲突的存在，客观要求法官拥有更大的自主权以便在案件中进行价值判断与衡量，因此在如何认识权利和救济的关系方面，两大法系有了趋同的倾向：法律一方面要尽可能的预先规定权利和义务；另一方面不仅要规定救济条款，更要赋予法官以更大的自主权，在个案中如果为了更大的利益而牺牲其中一方的权利，则应当出于公平的考虑，为另一方提供补偿。就立法者而言，立法宣示权利固然十分重要，但是“法律保护”条款、“获得公正审判”

① [英]戴雪：《英宪精义》，雷宾南译，中国法制出版社 2001 年版，第 261 页。

② 参见程燎原、王人博：《权利及其救济》，山东人民出版社 1993 年版，第 370 页。

条款和“正当法律程序”条款的规定对于权利的实现与保护而言可能更具有实际意义。

在一个强调和尊重权利的社会中，根据权利获得保障和救济是人们能够真正享有权利的关键因素之一。权利的救济可能来自于个人和社会团体（即自力救济和公助救济），但是更多的由国家来承担，即公力救济。公力救济由国家通过诉讼和司法提供，是权利救济体系中最重要的方法。一个人可以基于法律规定享有各种实体权利，但是如果这些实体权利受到了来自于他人或者国家权力的侵犯，而他又不能通过诉讼的形式获得救济，那么不仅这些实体权利对他而言是没有意义的，而且这种情况也不符合实体权利本身的要求。法律对权利进行宣示和规定，实际上也在向权利人保证，当他的权利受到干扰而失去圆满状态时，他可以通过法律程序要求以国家强制力的方式回复权利的圆满状态或者对他的损失予以补偿。从这个角度来说，权利本身必然包含着“救济权”或是“追诉权”的内涵。因此，建立完善的权利救济体系和司法制度既保证了权利人享有的程序公正，又通过对权利人“救济权”的尊重和实现，间接实现对实体权利的保护。

（二）基本权利在民事权利保护中的功能

1. 基本权利对民事权利保护的意义

尽管公民基本权利和民事权利的性质、对个人的意义、在法治国家中的地位和相应的救济、调整手段都不相同，但是基本权利对于民事权利保护的意义仍然显而易见，即作为民事权利的底线而存在，为受侵害的权利提供最后和最终的救济，这也体现了基本权利的根本性。当法律权利受到侵害时，权利人应当得到法律的救济。当这样的救济无法获得，而无法救济权利的结果会导致基本权利受到损害，对法律权利的救济就转化为对基本权利的救济。因此，公民的民事权利在以下条件下向基本权利转化：第一，侵害基本权利的主体是国家公权力，对民事权利救济的缺位反映了国家立法行为的不适当；第二，权利人穷尽一切法律救济；第三，受到侵害的民事权利必须是来源于基本权利，是基本权利在民法领域的具体化。[①]

2. 基本权利的私法效力

按照传统的公、私法的划分标准，宪法属于典型的公法。宪法对公民基本权利的规定也是以国家作为义务主体的。因此，在传统观点看来，宪法只具有公法上的效力，在公民与国家之间发挥作用，不涉及私人之间的权利义务关系。然而随着时代和社会的发展，特别是现代国家职能逐渐由消极的"守夜人国家"向积极国家转化，公权力逐渐渗透入私法领域和私人之间的权利义务关系，传统私法中的"私法自治"和"契约神圣"精神也逐渐受到国家出于保护公共利益需要的限制。国家对社会生活的积极干预使得个人基本权利的实现越来越依赖于国家权力的运作。对个人而言，宪法基本权利的功能也逐渐由单纯的对抗国家公权力的"抵抗权"向"请求保护权"转化[②]，也就产生了使基本权利具有对抗第三人的私法效力的要求，从而在公民基本权利在私法领域受到侵犯时，以公法手段提供有效的救济。通常情况下，这样的权利侵害在传统私法领域即使能够得到救济，也是十分有限的，无法涉及基本权利的所有方面；而且基本权利具有本源性，通过赋予基本权利以私法效力，能够使受侵害的权利得到更好的救济。[③] 基本权利的私法效力这一理论起源于德国 1919 年的《魏玛宪法》，亦被称为"基本权利对第三人的效力"，体现了第一次世界大战之后宪法价值取向由个人本位向社会本位的转变，通过将基本权利介入私法关系中，改变单纯依赖民法的规定来保障基本权利实现的状况。[④]

（三）宪法在民法中的效力模式

耶林曾在《为权利而斗争》一书中指出："一次都未经过实践，或即使

① 参见蒋德海：《基本权利与法律权利关系之探讨——以基本权利的性质为切入点》，《政法论坛》2009 年第 3 期。

② 参见[日]杉原泰雄：《宪法的历史——比较宪法学新论》，吕昶、渠涛译，社会科学文献出版社 2000 年版，第 130 页。

③ 参见王广辉：《比较宪法学》，北京大学出版社 2007 年版，第 269 页。

④ 参见王广辉：《比较宪法学》，北京大学出版社 2007 年版，第 260 页。

参加过，现在已失去实现机会的法规范，不能成为法规范。这样的法规范如松弛的发条，对启动法律机械不产生作用……这对法的任何部门都同样适用。”[①]可见，作为国家根本大法的宪法，它发挥作用的最重要的方式应当是在实际中的运用，而这也是宪法效力最重要的体现。如果一国宪法最主要的功能在于公民权利确认而不能直接适用于公民权利救济，就有可能出现徒有宪法规定而公民基本权利救济依然缺失的状况。基本权利不能适用，其根本性就无法得以体现，也就很难成为公民现实中的权利。[②] 在许多国家，尽管宪法规定了公民的基本权利，却没有规定这些权利的宪法救济途径，传统上对公民基本权利的救济主要是通过基本权利的部门法化。传统的民事权利救济方式要求完善的民事立法，完全涵盖可能的权利侵害，并提供有效且公正的救济，否则将会因为国家行为的不适当而损害到民事权利所反映的基本权利。对于这些国家的公民而言，宪法的功能在更大程度上在于权利确认，而非权利保障。公民想要保护自己的这些基本权利时，只能援引特别法中的规定来起诉从而获得救济，不能采取宪法救济的形式。这尤其体现在未规定宪法诉讼的国家，公民的民事纠纷仅得在民法领域内进行，无法进入基本法领域获得救济。因此在这些国家，上述对民事权利救济的缺失可能会演变为对公民基本权利的侵害。因此，赋予宪法以司法实践中的效力是十分必要的。目前，有关如何赋予宪法以司法效力的主张主要有直接效力说、间接效力说和无效力说三种模式[③]，其目的都是为了解决本质上为保障基本权利而存在的国家权力如何介入奉行“私法自治”的私法关系中，以及基本权利如何在私法秩序的价值和私法自治原则之间寻求平衡的问题。

1. 宪法的直接效力说

宪法直接效力说的代表人物是德国宪法学家尼伯代(H. C. Nipperdey)。该学说主张，宪法所规定的基本权利具有最高的效力，如果不能应

① [德]鲁道夫·冯·耶林：《为权利而斗争》，胡宝海译，中国法制出版社2004年版，第51页。

② 参见蒋德海：《基本权利与法律权利关系之探讨——以基本权利的性质为切入点》，《政法论坛》2009年第3期。

③ 参见陈璐：《公民基本权利的私法救济》，《湖南大学学报》(社会科学版)2009年第11期。

用于私法领域，宪法就会沦为仅具有宣示性质的文件。宪法应当具有直接的法律效力，法院可以直接依据宪法的条文在民事诉讼中作为判案的依据，法官作为司法者，可以直接引用宪法基本权利的规定，而不必透过民事法律。[①] 这种宪法效力模式的作用尤其在民事权利在民法领域内无法得到有效和全面的救济，或者民法规定的权利未完全涵盖宪法基本权利的情形下得以发挥。例如，在德国 1954 年“读者来信案”中，德国联邦最高法院突破了德国民法典原有对具体人格权有限保护的范围，直接适用基本法中有关“人的尊严”和“发展人格”的规定，开创了一般人格权的保护。[②] 可见，这种模式的存在可以有效避免民事法律对权利及其救济规定的空白或不合理，并且赋予了法官以极大的自由裁量的空间在个案中求得正义。当适用民法中的具体规定会在个案中导致不公正的后果时，法官可以放弃适用这些规则，转而寻求宪法对各项基本权利的保护，通过将宪法的效力直接导入民法中而在个案中实现正义。

尽管宪法直接效力模式的优点显而易见，但它的缺陷也是不容忽视的。首先，作为国家根本大法，宪法的规定通常是原则性和概括性的，并且不具有可操作的制裁性条款，这决定了宪法不适宜作为直接的裁判依据，将其直接适用于民事司法实践有违法律的确定性和可预见性，并且可能会导致相关民事法律的虚置。其次，适用法律的过程也是对法律的解释，尽管各国对立法和司法机关的权限和地位划分不尽相同，但是宪法毕竟是一国根本大法，由司法机关对宪法进行解释，有可能会存在超越权限的状况。

---

① 参见陈新民：《德国公法学基础理论》上册，山东人民出版社 2001 年版，第 295 页。

② 本案中，被告出版社在其周刊上刊登了一篇针对前任帝国银行行长和经济部长沙赫特博士最近从事行为的批判性文章。沙赫特博士的律师以被代理人的名义去信，要求被告对文章加以更正。然而被告断章取义，在“读者来信”栏目下发表了这封信的片段。前审汉堡州高等法院认为，尽管这样做会引人产生不正确印象，但并未损害原告的信用或原告名誉。但联邦最高法院援引《基本法》一般人格权认为，原告权利受到损害，因为被告将原告表达的内容加以变更后发表，会使人产生“不正确的人格形象”。（参见[德]迪特尔·梅利库斯：《德国民法总论》，邵建东译，法律出版社 2000 年版，第 805～806 页）

2. 宪法的间接效力说

宪法直接效力说一经提出便遭到了批评,反对者认为这一理论动摇了私法自治甚至是整个私法体系的基础。赋予基本权利以对抗第三人的效力将会导致私法中当事人意思自治原则的破坏。宪法间接效力说主张宪法规定的基本权利仅以限制国家侵犯为目的,并非规范私人之关系。"承认基本权利对私法关系具有直接效力,实际上就是将国家行为的应然性扩大适用于私人之间,为私人创设了不必要的义务。"[①]对公民基本权利的保障应当通过私法中的基本原则和概括条款体现宪法的价值取向,并用于弥补有可能存在的立法空白或不合理。宪法的效力是通过受它影响的私法的基本原则和概括条款的适用来实现的,私人之间的民事纠纷仍应在民事诉讼的领域内依私法解决。基本权利的作用在于为民法提供客观的价值体系,通过民法的一般原则来影响法律适用和权利救济。而民法的基本原则就成为了基本权利的效力进入民法领域的"入口",通过为法官提供客观价值判断的依据,在法律适用和法律解释上达成弥补立法空白或不合理的目的。[②] 根据这一理论,法官应当依据宪法的精神和价值取向来解释民法的条文,并且在个案中适用具体法律规则会导致不正义的后果时,法官应当转向民法的基本原则,依据基本权利的价值取向在个案中作出正义的判决。

然而这一学说在大陆法系的具体运用中可能仍然存在如下问题:首先,大陆法系是成文法系,适用法律的一般要求是要穷尽规则,不存在相应规则的时候才能转而依部门法的基本原则作出判决。当法律中有相应的条文规定时,即使适用结果会在个案中导致不公正,为维持法律的权威和可预见性,一般而言仍应适用法律规则。法官是否有权利绕过规则直接适用原则以求得个案公正,仍值得讨论。其次,法律原则由于是概括性的规定,因此具有宽泛抽象的特点,法官在适用基本原则审判案件时可能会存在滥用自由裁量权的情况。

---

① 陈新民:《德国公法学基础理论》上册,山东人民出版社 2001 年版,第 302 页。

② 参见韩大元:《论基本权利效力》,《判解研究》2003 年第 1 期。

3．宪法的无效力说

宪法无效力说认为，宪法中有关基本权利的规定是用于对抗来自国家公权力的侵害，其本质上是防御权，并不具有私法上的效力。[①] 私人之间发生的权利侵害应当由民事法律加以救济，而不能援引宪法中的基本权利条款。在私法领域，基本权利条款发挥作用的方式必须通过转化为民事法律后，以实体法为依据，才能在私人关系中发挥作用。主张宪法无效力说的学者其主要出发点是公法和私法的相互独立。如果肯定基本权利在民法领域具有直接或者间接的可对抗第三人的效力，会造成民法契约自由原则的破坏，不利于私法的独立。根据这一学说的主张，势必要求一国民事领域的立法要尽可能完善，以免出现公民权利受到侵害而无法在私法领域内获得救济的情况。一旦出现这种情况，则要追究立法者的立法不作为或者所制定的法律违背宪法精神的责任，而非追究出现权利冲突的第三人的责任。[②]

四、基本权利整合下的权利救济对我国的启示

第一，救济的存在对于公民权利的实现具有不可轻视的作用，因此对民事救济与行政救济方式的完善能够最直接地反映到对受到不当限制的所有权的救济上。英国早有法谚云“没有救济就没有权利”，权利是救济存在的基础，救济则是权利实现的保障。就权利主体而言，由立法宣示其享有的权利固然十分重要，但是“法律保护”条款、“获得公正审判”条款和“正当法律程序”条款的规定对于权利的实现与保护而言可能更具有实际意义。法律对权利进行宣示和规定，实际上也在向权利人保证，当他的权利受到干扰而失去圆满状态时，他可以通过法律程序要求以国家强制力的方式回复权利的圆满状态或者对他的损失予以补偿。[③] 因此，建立完善的权利救济体系和司法制度间接实现对实体权利的保护。针对受到不当限制的所有权而言，首先应该保障的就是使受损害的权利人能够获得

① 参见王广辉：《比较宪法学》，北京大学出版社2007年版，第265页。

② 参见陈新民：《德国公法学基础理论》上册，山东人民出版社2001年版，第326～328页。

③ 参见程燎原、王人博：《权利及其救济》，山东人民出版社1993年版，第370～373页。

程序上的公正，即向他们提供一条通向获得实体救济的途径。这要求涉及私权保护的民事救济与行政救济至少在受案范围上实现无缝衔接，避免受损害权利由于人为限制的因素而无法进入救济程序的情况出现。

第二，重视基本权利在私权保护中的价值引导作用。一般而言，宪法主要调整两大法律关系：国家机关与国家机关之间的关系以及国家和公民之间的关系，后者主要以对公民基本权利的确认表现出来。对公民基本权利的确认和保障，是整个宪法价值体系的核心之所在。公民的基本权利有对抗国家权力的功能，它所对应的则是国家负有的消极义务和积极义务。消极义务即不侵犯公民权利，积极义务则是国家应当创造条件或者通过直接干预来保障公民基本权利的实现。由于宪法的根本法性质，宪法基本权利规定无法直接在诉讼领域内适用，主要是通过转化为各个部门法中的具体权利规定来获得保护和救济。成文法由于其所固有的滞后性以及现实生活的多变性，宪法基本权利规定与各部门法的具体规定之间往往会出现脱节和断裂，因此会出现由宪法确认的基本权利在部门法中却没有得到完整的体现或者保障，抑或是由基本权利衍生出的具体权利受到侵害时却遭遇救济的缺失。解决这一问题最好的办法当然是对部门法本身尽可能地完善，但是最直接和可能实现的方法，则是在保障权利主体能够进入救济程序的前提下，赋予法官以个案审判中价值判断和自由裁量的权力。当法官认为对个案中的权利没有实现合理保护或者僵化地适用某些规定可能会导致不公正结果时，应当允许法官通过部门法的基本原则，将基本权利的价值引入部门法领域并应用于权利的保护和救济。

第三，我国应当为私权构建起立体双层的救济体系，而非延续目前的单层救济模式。从权利的层次架构来看，一国内公民享有的权利是立体双层的，即宪法规定的基本权利和部门法中的具体权利。鉴于部门法中的具体权利是宪法中基本权利的细化，为公民享有的权利构建起立体双层的救济体系，即针对具体权利的救济和针对具体权利所反映的基本权利的救济则是对这种权利构架的最好的回应。对基本权利的救济则是由宪法提供的。宪法的生命在于实施，它的价值也体现在运行中。我国目前采用的是依靠专门机关的违宪审查制度，但是如同其他的采用类似制度的国家，为了保证国家法律制度的稳定，避免对立法机关权力的干涉，违宪审查制度很少启动。因此，未来努力的方向应当是在保留以上优点的同时，找到宪法实施的中国途径，使宪法不再停留于一般人所认为的纲领性文件上，而是真正起到公民权利保障书的作用。这显然是一条漫长的道路，但不可否认的是，通过宪法保护基本权利的方式对受侵害的权利进行救济将是必然的趋势，因为宪法是公民的基本权利宣言，也必将成为公民权利的最终保障。

结论

在我国的法律规范中，“公共利益”可谓随处可见，尤其是当公共利益出现在强制性规范中时，所伴随的通常就是私权的限制。这些强制性规范的出现，体现的正是公权力对私权领域日益深入的影响。

出于公共利益而对私权进行限制，表现最为突出的是契约领域和物权领域，而作为物权的核心内容，所有权又首当其冲。对介于所有权自由与私有财产征收之间的所有权限制这一灰色地带，如果没有法律对其进行控制，没有完善的保障与救济体系为处于这一区间的所有权人提供帮助，这一区间就很有可能成为个人权利遭受隐形侵蚀的高危地带，这可能比不合理的征收为权利人带来的损害要更加严重。而事实证明，一些强制性规范的出台，由于多方面原因，尽管是为了实现公共利益，但其伴随的却是对所有权的过度限制甚至实质性剥夺，而权利人在这种情况下却很难获得有效的救济。在此之下，所有权所受到的限制尽管形式合法，但将演变为吞噬权利的“黑洞”。

目前，在我国的社会实践中存在的对所有权人进行的过度限制主要有以下两类：一是通过法律的硬性规定，为所有权人施加不合理的额外负担或限制，而这些负担和限制已经明显超出了所有权社会义务的范畴，并给所有权人带来了额外的损失。二是限制所有权人对私有财产的使用，并且这一限制已经在实际上造成了所有权人丧失了该财产几乎全部的使用价值，即构成管制性征收。造成所有权过度限制现象的原因主要在于理念问题和制度构建的问题。理念方面的原因一是在于我国传统的社会治理思路偏重管制为主，公权力运行缺乏自我限缩的意识，对私权自由的认同原本就并不强调，而这又导致了民事主体权利意识不强烈，因此容易出现过分追求结果而采取激进手段的强制性规范。二是在于立法与实践中对公共利益的界定模糊，而对公共利益存在与否的认定直接关系到强制性规范限制私权的正当性，对公共利益大小的认定则关系到所牺牲的私权与所追求的公共利益是否实现均衡。在制度方面，目前存在的问题：一是立法的疏漏，导致所有权限制尽管在事实上已经存在，但是在上位法立法中仍嫌过分简陋，而最具代表性的管制性征收制度在我国也未有法律规定。二是在权利救济体系的建立中，目前存在受损害权利无法获得充分有效救济的现象，而司法机关在强制性规范造成的所有权限制这一问题的监督和审查上能够发挥的作用也十分有限。

针对造成所有权过度限制的理念问题：一是在所有权立法中重申私权自治，强调在顺应所有权社会化这一趋势的同时，仍然要以自治为原则，追求公益与私益的平衡。二是对公共利益如何认定进行讨论，主要途径是在立法中对公共利益进行类型化以及在实践中的严格程序控制。三是对德国行政法的比例原则的引进，贯彻比例原则的要求不仅有助于立法中的公权力自我限缩和强制性规范的合理制定，以避免过度限制权利自由情况的出现，更有助于在司法过程中指引法官进行公共利益的个案判断，为司法审查和价值判断提供相对客观的标准。

针对造成所有权过度限制的制度缺陷，我国在现有的法律制度框架和权利救济体系之下，首先，在立法上应当补充宪法的公民财产权条款当中的限权规定，以此作为部门法中对所有权进行限制性规定的宪法依据，并在物权法的征收条款中补充管制性征收的规定，将管制性征收纳入征收补偿范围中。其次，应当在司法救济中扩大民事诉讼和行政诉讼的受案范围，建立以权利为中心的受案标准，保障公民的救济权，并将单纯由补偿标准引发的纠纷纳入民事诉讼范围，实现补偿公平。最后，在行政救济中进一步对我国的行政复议制度进行完善。

在现代社会中，国家为了实现社会管理的职能，必然会对经济和社会生活进行更多的干预，以期实现更大范围内的社会利益，调和各种冲突的权利与利益。但这必然意味着对个人权利的限制，并且限制的方式和范围可能会越来越多、越来越大。因此，在未来的立法与司法中，一方面要保障社会整体利益的最大化；另一方面要充分尊重公民财产所有权的自由与安全，避免为实现社会利益而过分牺牲个人利益，更要避免在出现这一情形时缺乏充分有效的救济制度。这要求法治条件下不同利益主体之间的相互妥协，要求公权力的自我限缩与监督，更要求完善的权利保障与救济机制的建立。这对实现社会经济的稳定发展和安全秩序都有着非常积极的促进意义，通过利益与负担的合理分配，实现效益与公平的和谐。

参考文献

一、中文著作类

[1]张文显:《二十世纪西方法哲学思潮研究》,法律出版社 2006 年版。

[2]王利明:《物权法研究》,中国人民大学出版社 2002 年版。

[3]史尚宽:《民法总论》,中国政法大学出版社 2000 年版。

[4]彭诚信:《主体性与私权制度研究——以财产、契约的历史考察为基础》,中国人民大学出版社 2005 年版。

[5]郭建:《中国财产法史稿》,中国政法大学出版社 2005 年版。

[6]公丕祥:《权利现象的逻辑》,山东人民出版社 2002 年版。

[7]程燎原、王人博:《权利及其救济》,山东人民出版社 1998 年版。

[8]陈朝璧:《罗马法原理》,法律出版社 2006 年版。

[9]张红:《基本权利与私法》,法律出版社 2010 年版。

[10]王广辉:《比较宪法学》,北京大学出版社 2007 年版。

[11]陈新民:《德国公法学基础理论》上册,山东人民出版社 2001 年版。

[12]张翔:《基本权利的规范构建》,高等教育出版社2008年版。

[13]苏永钦:《民事立法与公私法的接轨》,北京大学出版社2005年版。

[14]苏永钦:《寻找新民法》,北京大学出版社2012年版。

[15]苏永钦:《私法自治中的国家强制》,中国法制出版社2005年版。

[16]梅夏英:《财产权构造的基础分析》,人民法院出版社2002年版。

[17]施启扬:《德国联邦宪法法院裁判选辑》(六)(宪法与私法),(台北)司法院1997年版。

[18]李进之等:《美国财产法》,法律出版社1999年版。

[19]刘飞:《德国公法权利救济制度》,北京大学出版社2009年版。

[20]金俭:《不动产财产权自由与限制研究》,法律出版社2007年版。

[21]房绍坤、王洪平:《公益征收法研究》,中国人民大学出版社2011年版。

[22]罗豪才:《行政法学》,中国政法大学出版社1999年版。

[23]丁文:《物权限制研究》,中国社会科学出版社2008年版。

[24]尹田:《法国物权法》,法律出版社1998年版。

[25]王泽鉴:《民法总则》,北京大学出版社2009年版。

[26]孙宪忠:《德国当代物权法》,法律出版社1997年版。

[27]肖厚国:《所有权的兴起与衰落》,山东人民出版社2003年版。

[28]汤维健:《外国民事诉讼法学研究》,中国人民大学出版社2007年版。

[29]范进学:《美国司法审查制度》,中国政法大学出版社2011年版。

[30]关保英:《行政法的私权文化与潜能》,山东人民出版社2011年版。

[31]蒋红珍:《论比例原则——政府规制工具选择的司法评价》,法律出版社2010年版。

二、中文译著类

[1][德]施莱希、科里奥特:《德国联邦宪法法院:地位、程序与裁判》,

刘飞译，法律出版社 2007 年版。

[2][德]卡尔·拉伦茨:《德国民法通论》，王晓晔等译，法律出版社 2003 年版。

[3][德]沃尔克玛·金斯纳、[意]戴维·奈尔肯编:《欧洲法律之路——欧洲法律社会学视角》，高鸿钧等译，清华大学出版社 2010 年版。

[4][德]罗伯特·霍恩、海因·克茨:《德国民商法导论》，楚建译，中国大百科全书出版社 1996 年版。

[5][德]鲍尔、施蒂尔纳:《德国物权法》，张双根译，法律出版社 2004 年版。

[6][德]奥特马·尧厄尼希:《民事诉讼法》(第二十七版)，周翠译，法律出版社 2003 年版。

[7][德]迪特尔·施瓦布:《民法导论》，郑冲译，法律出版社 2006 年版。

[8][法]德尼·西蒙:《欧盟法律体系》，王玉芳等译，北京大学出版社 2007 年版。

[9][法]弗朗索瓦·泰雷、菲利普·森勒尔:《法国财产法》，罗结珍译，中国法制出版社 2008 年版。

[10][法]雅克·盖斯旦、吉勒·古博:《法国民法总论》，陈鹏等译，法律出版社 2004 年版。

[11][美]科斯:《财产权利与制度变迁》，刘守英等译，三联书店 1994 年版。

[12][美]凯斯·R·孙斯坦:《自由市场与社会正义》，金朝武等译，中国政法大学出版社 2002 年版。

[13][美]伯纳德·施瓦茨:《美国法律史》，王军等译，法律出版社 2011 年版。

[14][美]约翰·G·斯普兰克林:《美国财产法精解》(第二版)，钟书峰译，北京大学出版社 2009 年版。

[15][英]F. H. 劳森、B·拉登:《财产法》(第二版)，施天涛等译，中国大百科全书出版社 1998 年版。

[16][英]克莱尔·奥维、罗宾·怀特:《欧洲人权法:原则与判例》(第三版),何志鹏、孙鹏译,北京大学出版社2006年版。

[17][英]彼得·斯坦、约翰·香德:《西方社会的法律价值》,王献平译,中国法制出版社2004年版。

[18][英]彼得·甘西:《反思财产:从古代到革命时代》,陈高华译,北京大学出版社2011年版。

三、外文著作类

[1]Alexy, R. *A Theory of Constitutional Rights*. Oxford: Oxford University Press, 2002.

[2]Becker, L. C. *Property Rights: Philosophic Foundations*. London: Routledge and Kegan Paul Ltd., 1977.

[3]Dukeminer, J. & Krier, J. E. *Property* (Fifth Edition). New York: Aspen Publisher, 2002.

[4]Epstein, R. A. *Takings: Private Property and the Power of Eminent Domain*. Cambridge: Harvard University Press, 1985.

[5]Harris, J. W. *Property and Justice*. Oxford: Clarendon Press, 1996.

[6]Penner, J. E. *The Idea of Property in Law*. Oxford: Oxford University Press, 1997.

[7]Ryan, A. *Property*. Maidenhead: Open University Press, 1987.

[8]Schlatter, R. *Private Property: The History of an Idea*. Sydney: George Allen & Unwin Ltd., 1951.

[9]Wade, H. W. R. *Administrative Law*. Oxford: Oxford University Press, 1988.

[10]Waldron, J. *The Right to Private Property*. Oxford: Clarendon Press, 1990.

四、中文论文类

[1]蔡定剑:《中国宪法实施的私法化之路》,《中国社会科学》2004年第2期。

[2]于飞:《基本权利与民事权利的区分及宪法对民法的影响》,《法学研究》2008年第5期。

[3][日]山本敬三、刘涛等:《基本权利的保护与私法的作用》,《交大法学》2010年第1期。

[4]李龙、刘连泰:《宪法财产权与民法财产权的分工与协同》,《法商研究》2003年第6期。

[5]马岭:《德国和美国违宪审查制度之比较》,《环球法律评论》2005年第2期。

[6]张维:《权利的救济和获得救济的权利——救济权的法理阐释》,《法律科学》(西北政法大学学报)2008年第3期。

[7]蒋德海:《基本权利与法律权利关系之探讨——以基本权利的性质为切入点》,《政法论坛》2009年第2期。

[8]韩大元:《基本权利概念在中国的起源与演变》,《中国法学》2009年第6期。

[9]陈洪杰:《接近正义与人权的司法保护——欧洲人权法院相关实践的启示》,柳经纬主编:《厦门大学法律评论》第8辑,厦门大学出版社2004年版。

[10]贺鉴:《论欧洲人权保护中的个人申诉制度及其对非洲的借鉴作用》,《当代法学》2002年第1期。

[11][日]吉村良一、张挺:《从民法角度看公法与私法的交错与互动》,《人大法律评论》2012年第2期。

[12]张翔:《财产权的社会义务》,《中国社会科学》2012年第9期。

[13]梅夏英:《民法上"所有权"概念的两个隐喻及其解读——兼论当代财产权法律关系的构建》,《中国人民大学学报》2002年第1期。

[14]张翔:《基本权利的体系思维》,《清华法学》2012年第4期。

[15]童之伟:《宪法民法关系之实像与幻影——民法根本说的法理评析》,《中国法学》2006 年第 6 期。

[16]薛军:《“民法—宪法”关系的演变与民法的转型——以欧洲近现代民法的发展轨迹为中心》,《中国法学》2010 年第 1 期。

[17]王涌:《宪法与私法关系的两个基本问题》,《私法研究》2002 年第 1 期。

[18]谢哲胜:《不动产财产权的自由与限制》,《中国法学》2006 年第 3 期。

[19]房绍坤、王洪平:《从财产权保障视角论我国的宪法财产权条款》,《法律科学》(西北政法大学学报)2011 年第 2 期。

[20]倪斐:《公共利益的法律类型化研究——规范目的标准的提出与展开》,《法商研究》2010 年第 3 期。

[21]钟瑞栋:《民法中的强制性规范——兼论公法与私法“接轨”的立法途径与规范配置技术》,《法律科学》(西北政法大学学报)2009 年第 2 期。

[22]彭诚信、刘海安:《论征收制度中认定公共利益的程序性设计》,《吉林大学社会科学学报》2009 年第 1 期。

[23]王景斌、张剑平:《论公共利益在我国的立法表达》,《社会科学战线》2008 年第 3 期。

[24]王书成:《比例原则之规范难题及其应对》,《当代法学》2007 年第 6 期。

[25]林来梵、张卓明:《论权利冲突中的权利位阶——规范法学视角下的透析》,《浙江大学学报》(人文社科版)2003 年第 6 期。

[26]陈新民:《宪法基本权利及“对第三者效力”之理论》,(台北)《政大法律评论》1985 年第 31 期。

五、外文论文类

[1]Alexander, G. S. “Property as a Fundamental Constitutional Right? The German Example,” *Cornell Law Review*, 2003, 88:

733-778.

[2]Alexy, R. "On Balancing and Subsumption. A Structure Comparison," *Ratio Juris*, 2003,16(4):433-449.

[3]Bandman, B. "Rights and Claims," *The Journal of Value Inquiry*, 1973,7(3):204-213.

[4]Hoppe, H. H. "The Ethics and Economics of Private Property," in Colombatto, E. (ed.), *The Elgar Companion to the Economics of Private Property*. London: Edward Elgar, 2004.

[5]Jeffries, J. C. "The Right-Remedy Gap in Constitutional Law," *The Yale Law Journal*, 1999,109(1):87-114.

[6]Kellogg, T. E. "Constitutionalism with Chinese Characteristics? Constitutional Development and Civil Litigation in China," *International Journal of Constitutional Law*, 2009(7):215-246.

[7]Michelman, F. I. "Property as a Constitutional Right," *Washington and Lee Law Review*, 1981(4):1097-1114.

[8]Schwelb, E. "The Protection of the Right of Property of Nationals Under the First Protocol to the European Convention on Human Rights," *The American Journal of Comparative Law*, 1964, 13(4): 518-541.

[9]Schuman, D. "The Right to a Remedy," *Temple Law Review*, 1992,65:1197-1227.

[10]Sorauf, F. J. "The Public Interest Reconsidered," *The Journal of Politics*, 1957,19(4):616-639. [11]Sunstein, C. R. "On Property and Constitutionalism," *Cardozo Law Review*, 1992,14:907-936.

[12]Underkuffler, L. S. "On Property: An Essay," *The Yale Law Journal*, 1990, 100(1):127-148.

[13] Waldron, J. "A Right-Based Critique of Constitutional Rights," *Oxford Journal of Legal Studies*, 1993(1):18-51.